Conservação
Conservación   Conservation

LUIS HU RIVAS

🇧🇷 Em companhia de Sheilinha e André, o cachorrinho Lupi e a gatinha Oli fizeram uma viagem incrível ao Japão. Eles queriam conhecer a terra do sol nascente.
Após ver a paisagem, com suas modernas construções e outras antigas, mas muito bem conservadas, eles foram para o hotel.
Ao chegarem lá, conversaram sobre como as cidades eram bem cuidadas, com seus jardins e ruas limpas.

 En compañía de Sheilita y André, el perrito Lupi y la gatita Oli hicieron un viaje increíble a Japón. Ellos querían conocer la tierra del sol naciente.
Después de ver los paisajes, con sus edificios modernos y otras construcciones, a pesar de ser antiguas, pero muy bien conservadas, se dirigieron al hotel.
Una vez allí, conversaron de cómo las ciudades eran bien cuidadas, con sus jardines y calles limpias.

🇺🇸 In the company of Sheilinha and André, the puppy Lupi and the kitten Oli made an incredible trip to Japan. They wanted to know the land of the rising sun.
After seeing the landscape with its modern buildings and other old ones, though very well preserved, they went to the hotel.
When they got there, they talked about how the cities were well taken care of, with their gardens and clean streets.

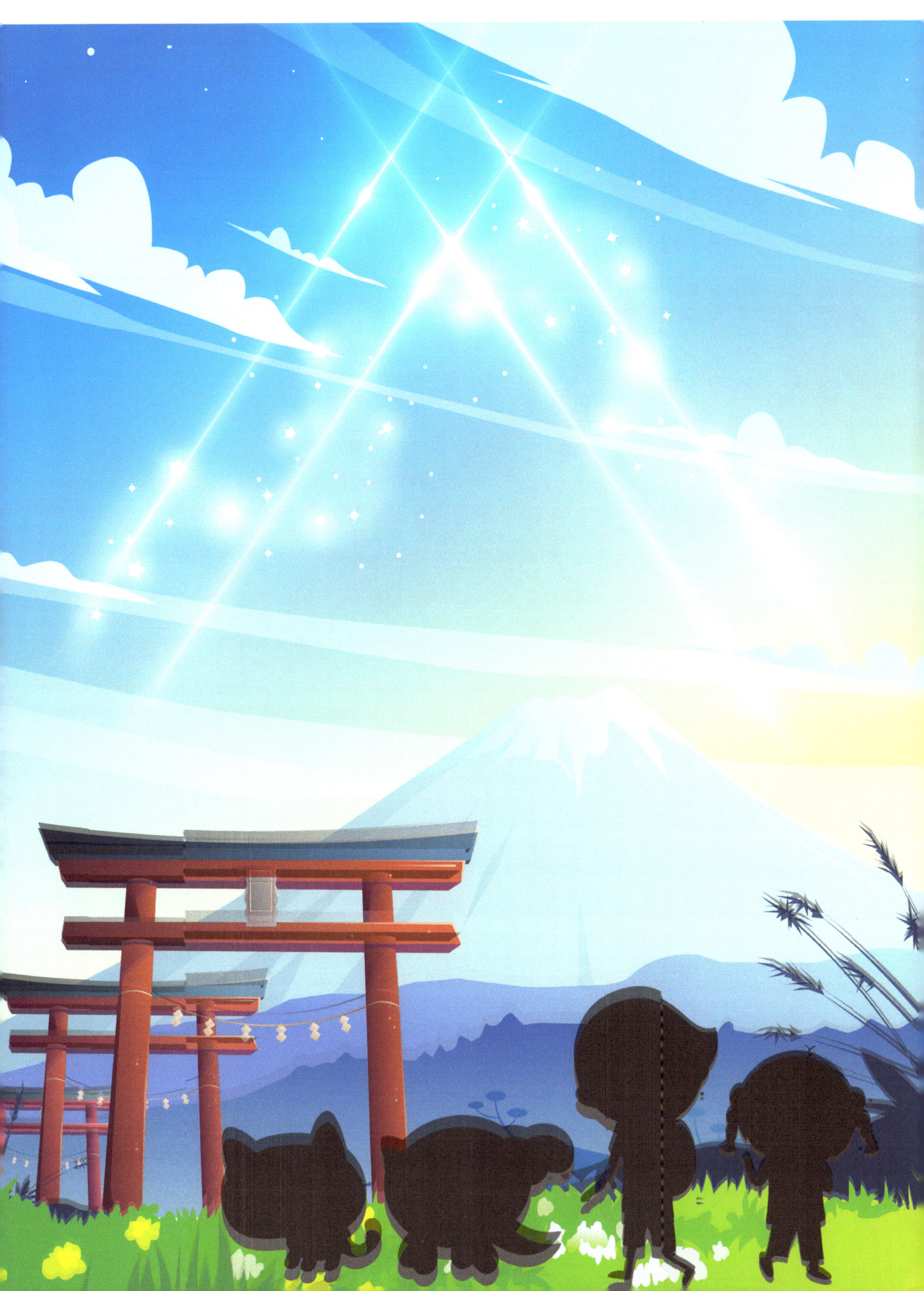

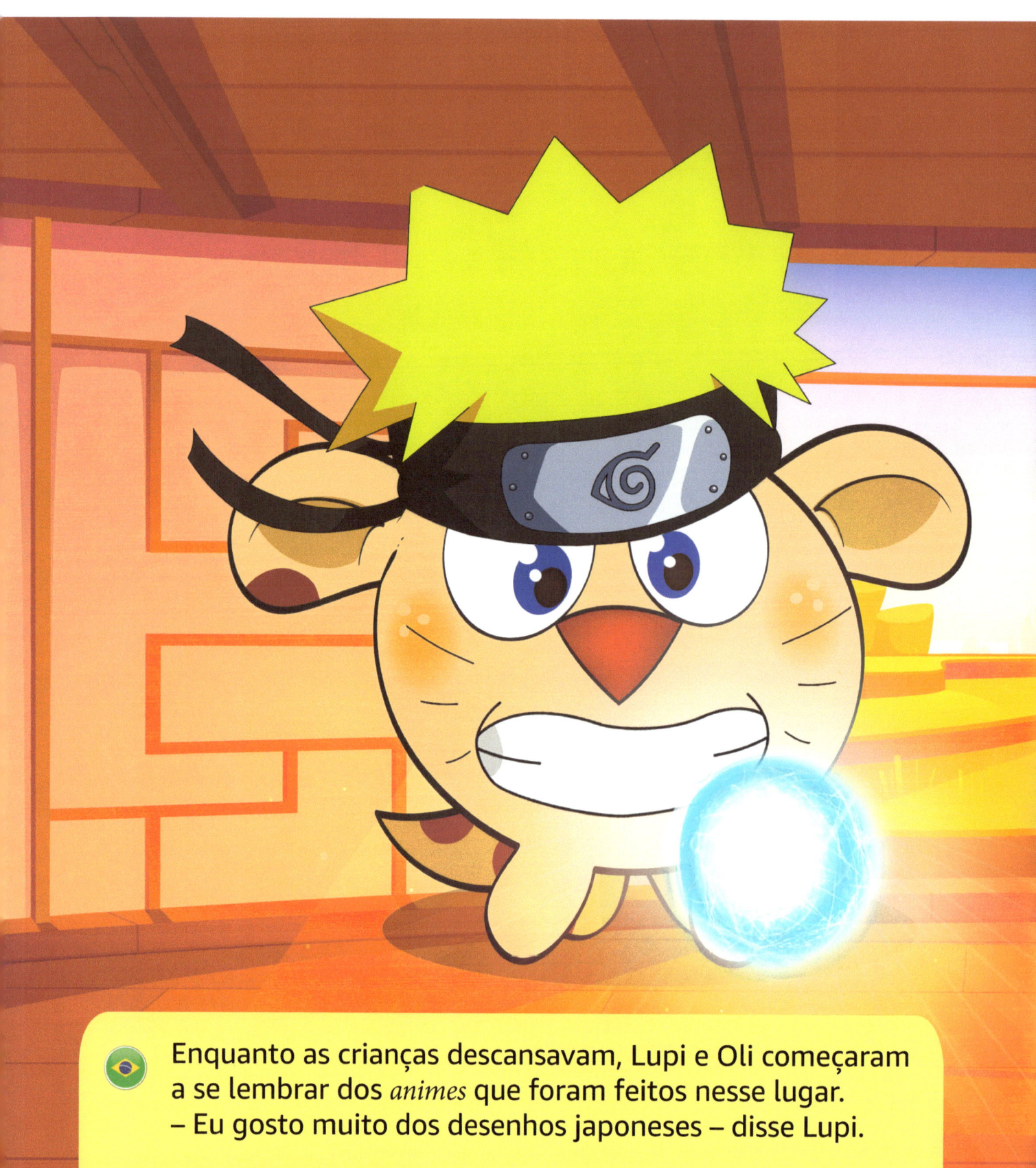

🇧🇷 Enquanto as crianças descansavam, Lupi e Oli começaram a se lembrar dos *animes* que foram feitos nesse lugar.
– Eu gosto muito dos desenhos japoneses – disse Lupi.

🇪🇸 Mientras los niños descansaban, Lupi y Oli recordaron los *animes* que fueron hechos en ese lugar.
"Me encantan los dibujos animados japoneses", dijo Lupi.

🇺🇸 While the children rested, Lupi and Oli started to remember the animes that were made in Japan.
"I really like Japanese cartoons," said Lupi.

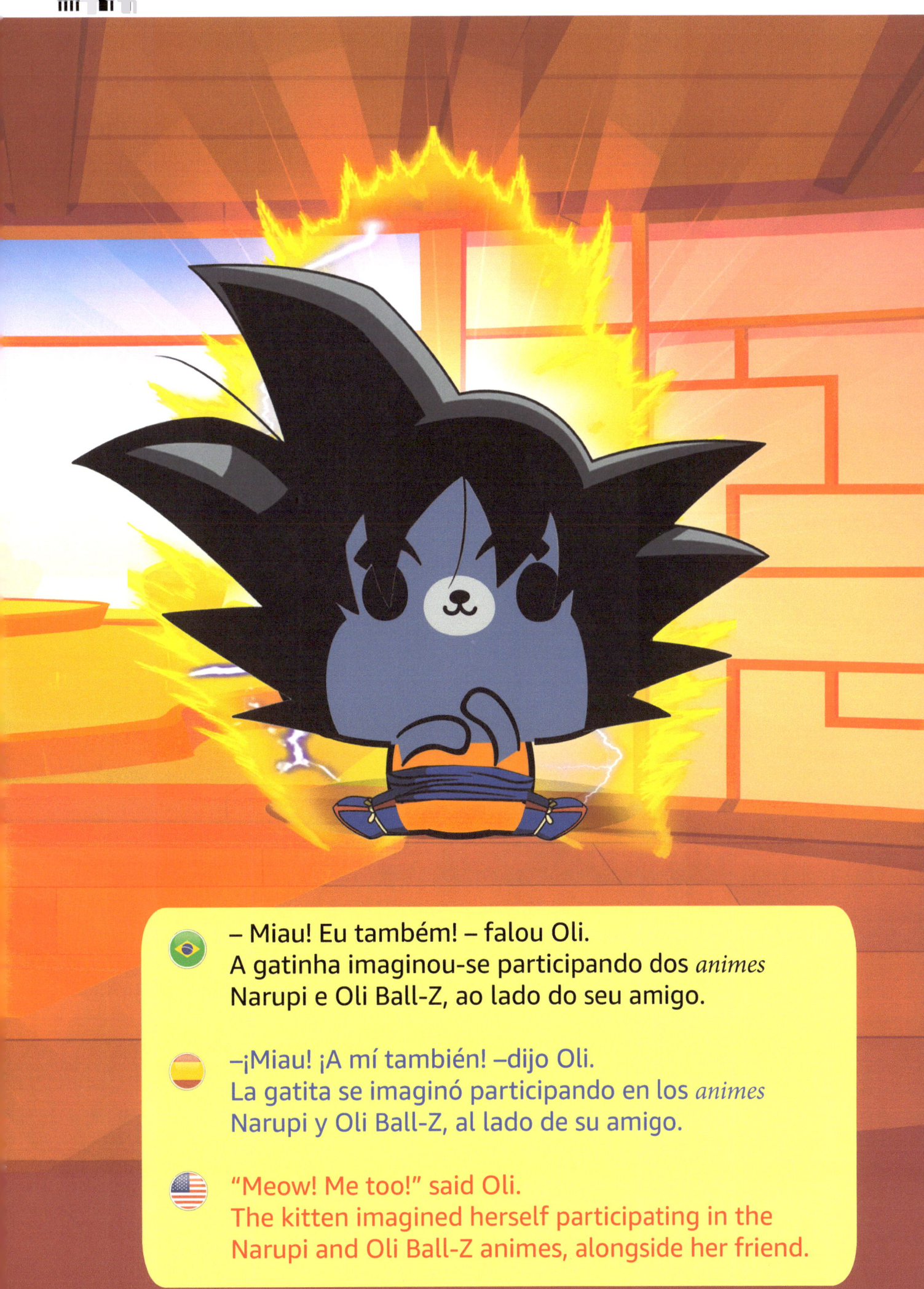

– Miau! Eu também! – falou Oli.
A gatinha imaginou-se participando dos *animes* Narupi e Oli Ball-Z, ao lado do seu amigo.

–¡Miau! ¡A mí también! –dijo Oli.
La gatita se imaginó participando en los *animes* Narupi y Oli Ball-Z, al lado de su amigo.

"Meow! Me too!" said Oli.
The kitten imagined herself participating in the Narupi and Oli Ball-Z animes, alongside her friend.

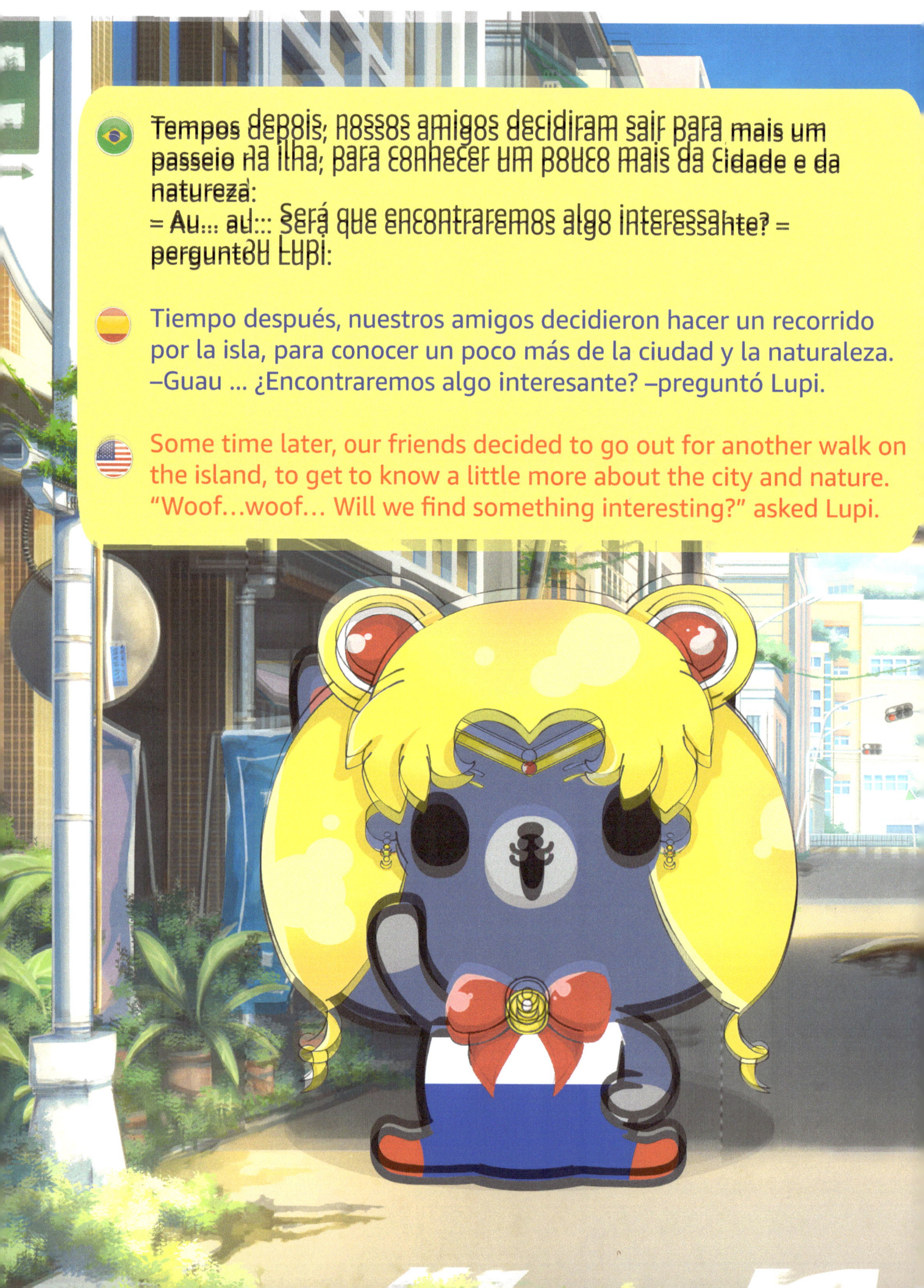

🇧🇷 Tempos depois, nossos amigos decidiram sair para mais um passeio na ilha, para conhecer um pouco mais da cidade e da natureza:
– Au... au... Será que encontraremos algo interessante? – perguntou Lupi.

🇪🇸 Tiempo después, nuestros amigos decidieron hacer un recorrido por la isla, para conocer un poco más de la ciudad y la naturaleza.
– Guau ... ¿Encontraremos algo interesante? –preguntó Lupi.

🇺🇸 Some time later, our friends decided to go out for another walk on the island, to get to know a little more about the city and nature. "Woof...woof... Will we find something interesting?" asked Lupi.

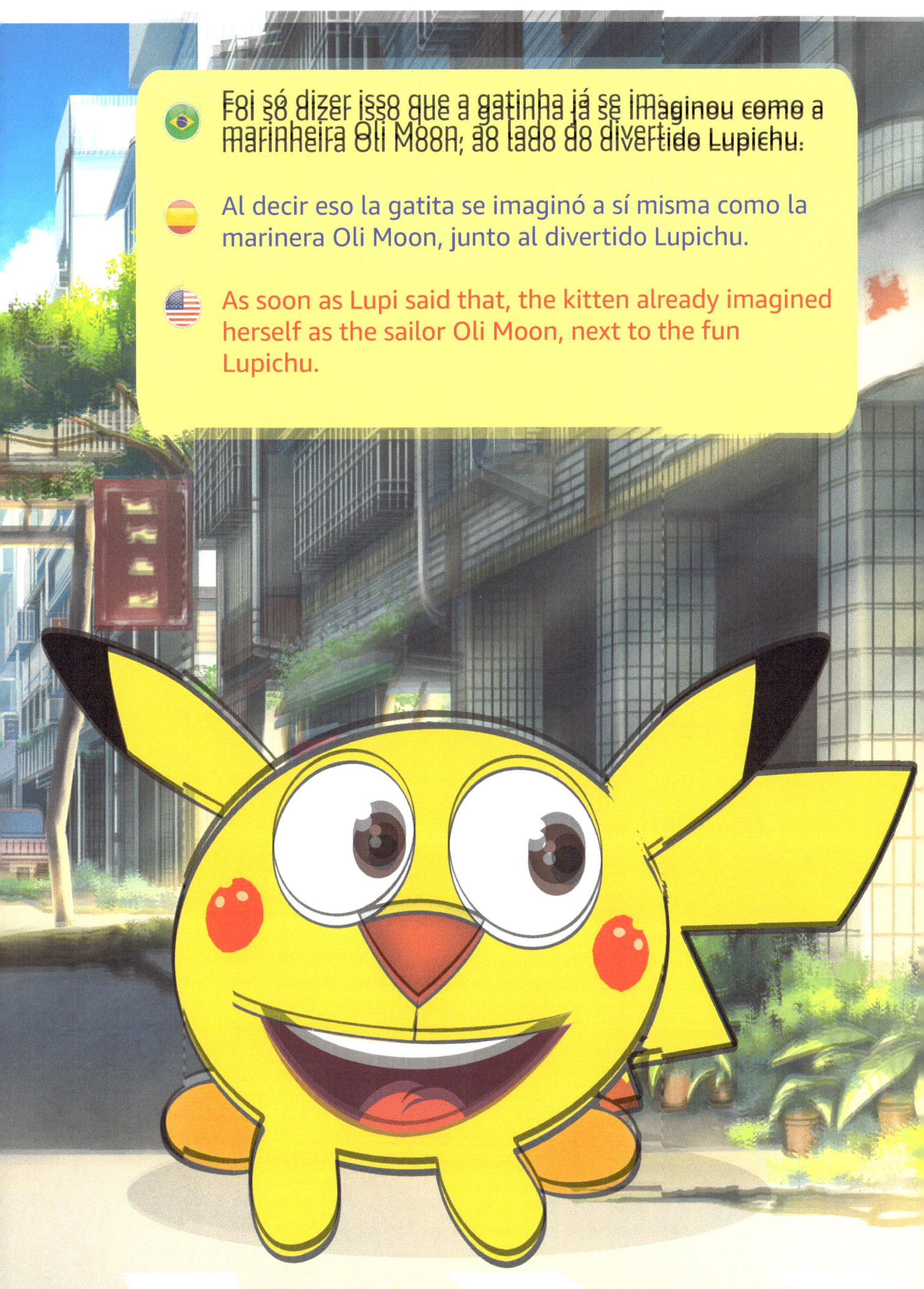

🇧🇷 Foi só dizer isso que a gatinha já se imaginou como a marinheira Oli Moon, ao lado do divertido Lupichu.

🇪🇸 Al decir eso la gatita se imaginó a sí misma como la marinera Oli Moon, junto al divertido Lupichu.

🇺🇸 As soon as Lupi said that, the kitten already imagined herself as the sailor Oli Moon, next to the fun Lupichu.

🇧🇷 Quando chegaram à orla da ilha, perceberam que estavam perto de um ninho.
– Cuidado, Lupi! – avisou Oli. – Parece que há ovos ali!

🇪🇸 Cuando llegaron a la orilla de la isla, se dieron cuenta de que estaban cerca de un nido.
–¡Cuidado, Lupi! –avisó Oli.– ¡Parece hay huevos allí!

🇺🇸 When they reached the island's coastline, they realized they were close to a nest.
"Watch out, Lupi!" Oli warned. "Looks like there are eggs over there!"

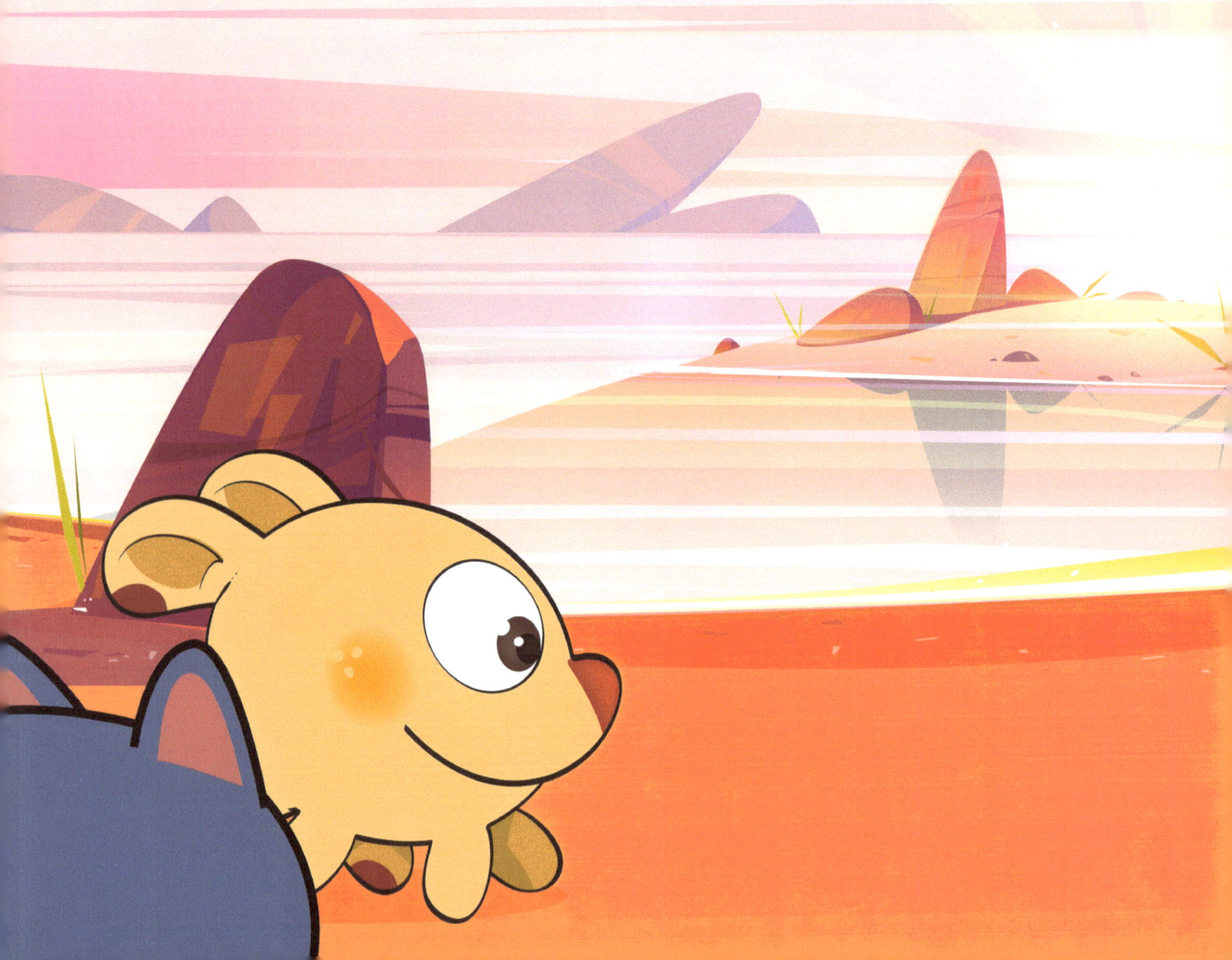

Todo curioso, Lupi se aproximou para ver do que se tratava.
– Será que é de uma tartaruga ou de uma ave? – perguntou Lupi, sem saber ao certo.

 Todo curioso, Lupi se acercó para ver de qué se trataba.
–¿Será que es de una tortuga o de un ave? –preguntó Lupi sin saber a ciencia cierta.

 Very curious, Lupi approached to see what it was about.
"Is it from a turtle or a bird?" Lupi asked unsurely.

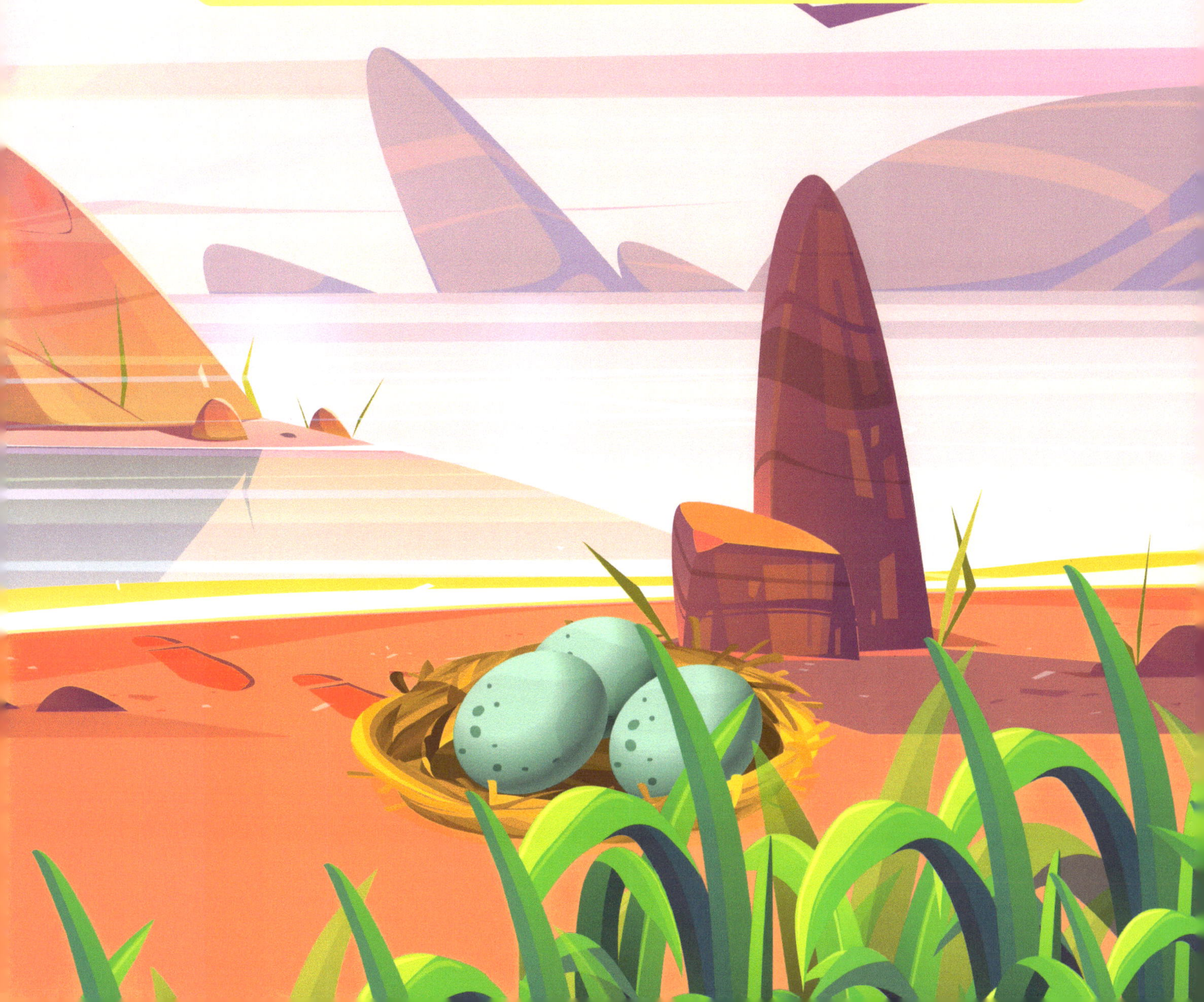

🇧🇷 A imaginação da gatinha não parou por aí. Ela pensou no futuro filhote do ovo e perguntou:
— Será que é de algum dinossauro?

🇪🇸 La imaginación de la gatita no paró por ahí. Ella pensó en el futuro bebé del huevo y preguntó:
—¿Podría ser que sea de un dinosaurio?

🇺🇸 The kitten's imagination didn't stop there. She thought of the future egg's hatchling and asked: "Is it from a dinosaur?"

🇧🇷 — Ou o filhote do monstro Godzilla? — falou Lupi, com medo.
— Calma, amiguinhos, eu vou explicar — respondeu uma misteriosa voz.

🇪🇸 —¿O será el hijito del monstruo Godzilla? —dijo Lupi, asustado.
—Tranquilos amiguitos, les voy a explicar —respondió una voz misteriosa.

🇺🇸 "Or the pup of the Godzilla monster?" said Lupi, afraid.
"Calm down, little friends, I'll explain," answered a mysterious voice.

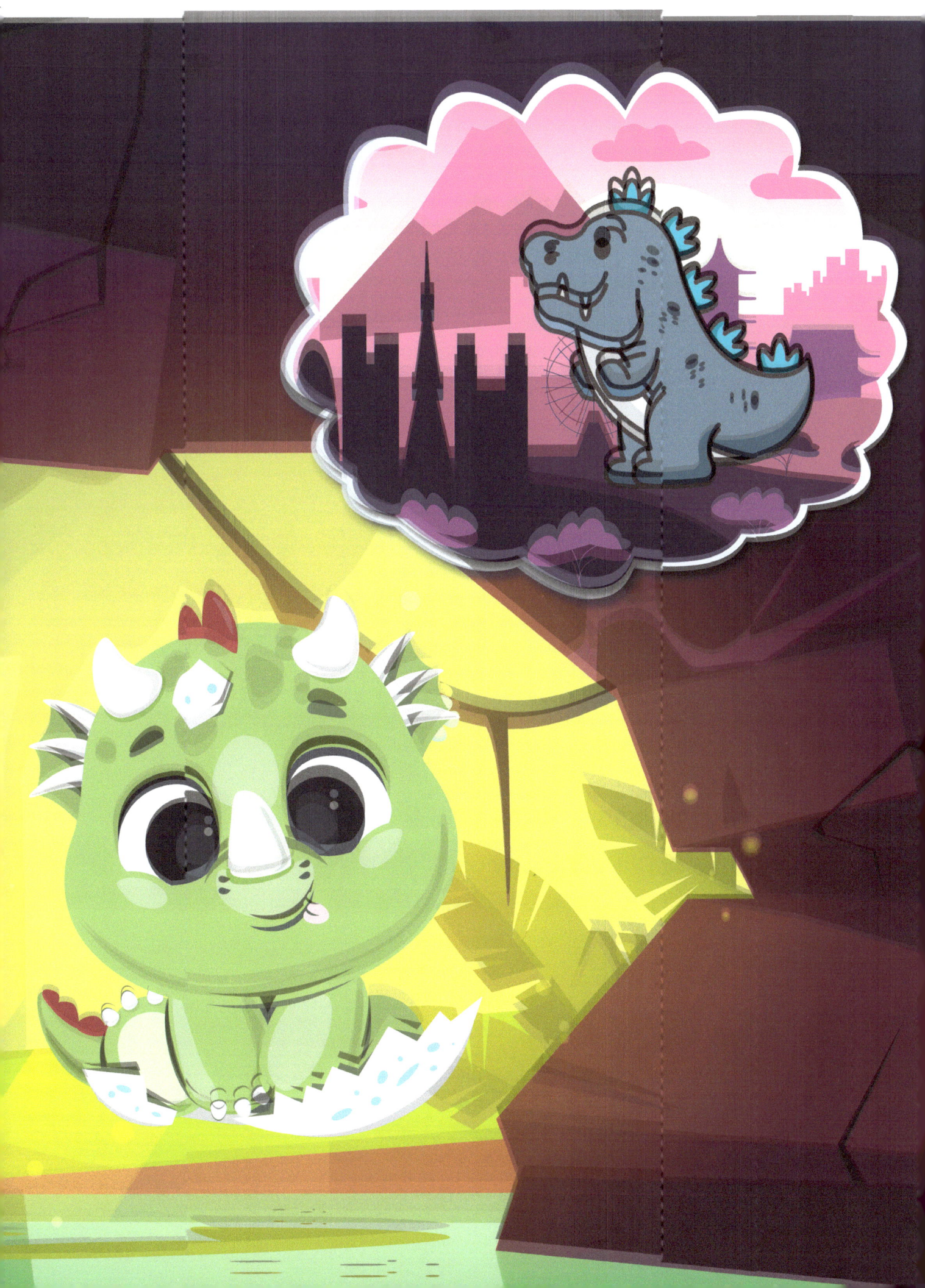

A voz era da mãe dos futuros filhotes, uma ave conhecida no Japão como tsuru.
– Ufa! São ovos de pássaros! – disse Oli, aliviada.
– Olá, meu nome é Sakura. Em que posso ajudar?
– Eu sou Lupi, e essa é minha amiga Oli – respondeu o cachorrinho.
– Nunca vimos uma ave como você – falou Oli.
Sakura contou que os tsurus são conhecidos como aves sagradas do Japão. São símbolo de saúde, boa sorte, felicidade e longevidade.
– Deve ser por isso que tudo é bem cuidado e conservado aqui – falou Lupi.

 La voz era la de la madre de los futuros polluelos, un ave conocida en Japón como tsuru.
–¡Ufa! ¡Son huevos de pájaro! –dijo Oli, aliviada.
–Hola, mi nombre es Sakura. ¿En que puedo ayudar?
–Soy Lupi y esta es mi amiga Oli –respondió el perrito.
–Nunca hemos visto una ave como tú –dijo Oli.
Sakura dijo que los tsurus son conocidos como aves sagradas de Japón. Son símbolo de salud, buena suerte, felicidad y longevidad.
–Debe ser por eso que aquí todo está bien cuidado y conservado –dijo Lupi.

 The voice was that of the mother of the future hatchlings, a bird known in Japan as a tsuru.
"Phew! They're bird eggs!" said Oli, relieved.
"Hello, my name is Sakura. How can I help?"
"I'm Lupi, and this is my friend Oli," replied the dog.
"We've never seen a bird like you," said Oli.
Sakura said that tsurus are known as the sacred birds of Japan. They are a symbol of health, good luck, happiness, and longevity.
"That must be why everything is well taken care of and conserved here," said Lupi.

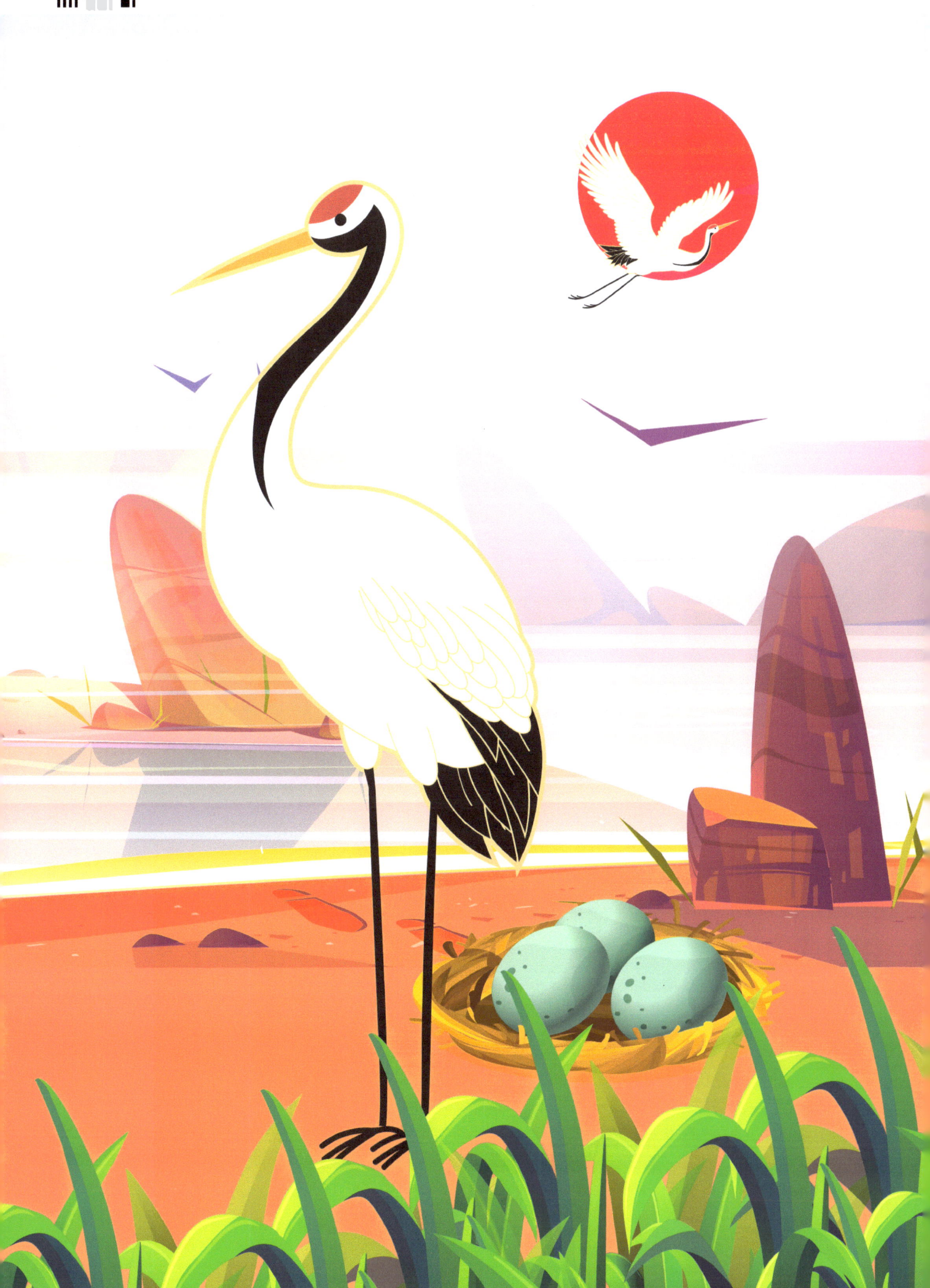

🇧🇷 – Você disse conservado? – falou a ave tsuru. – Eu vou apresentar para vocês uma das Leis de Deus: a Lei de Conservação!

🇪🇸 –¿Conservado? –dijo el ave tsuru.– Les voy a presentar una de las Leyes de Dios: ¡la Ley de Conservación!

🇺🇸 "Did you say conserved?" Said the bird tsuru. "I will present to you one of the Laws of God: the Law of Conservation!"

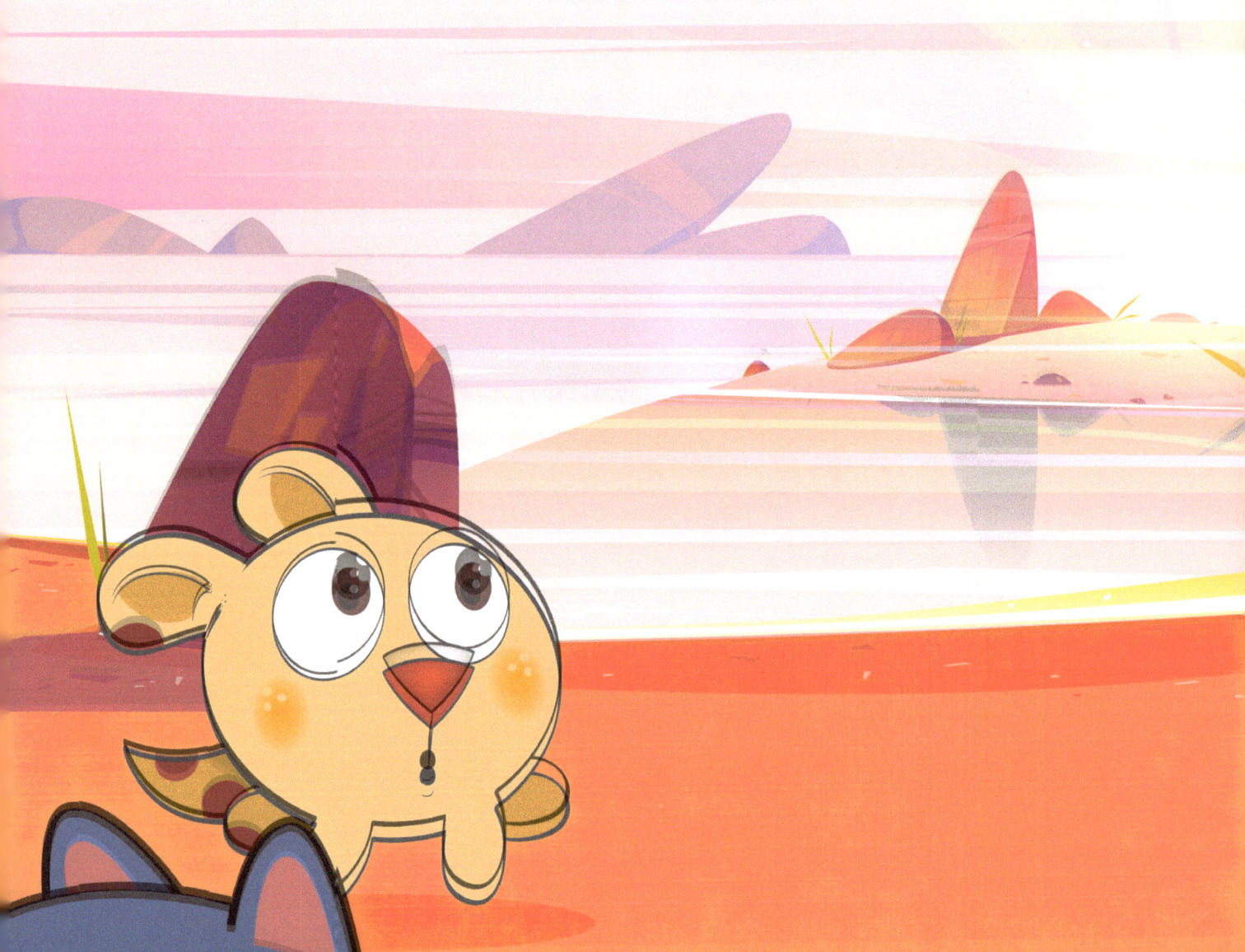

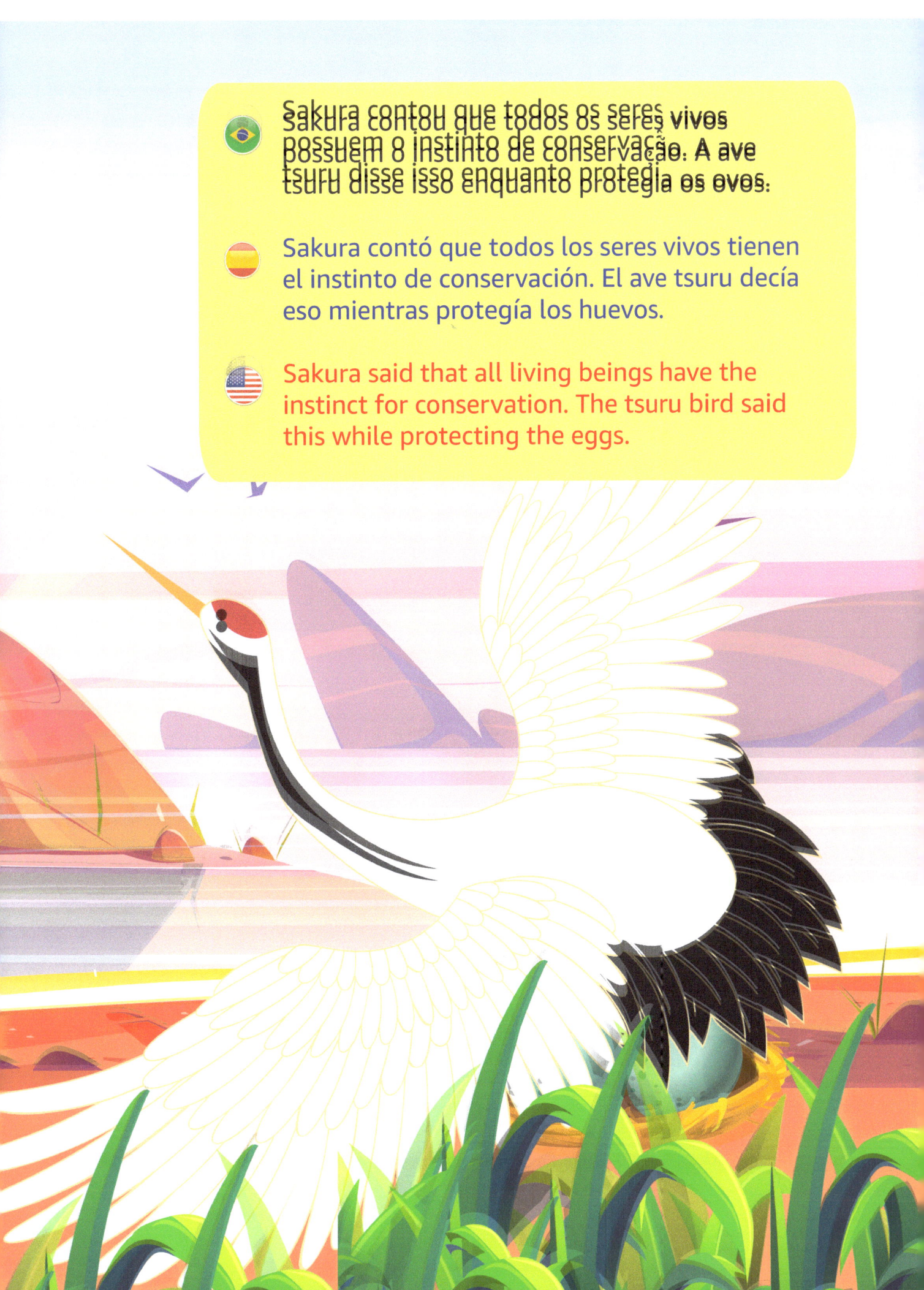

🇧🇷 Sakura contou que todos os seres vivos possuem o instinto de conservação. A ave tsuru disse isso enquanto protegia os ovos.

🇪🇸 Sakura contó que todos los seres vivos tienen el instinto de conservación. El ave tsuru decía eso mientras protegía los huevos.

🇺🇸 Sakura said that all living beings have the instinct for conservation. The tsuru bird said this while protecting the eggs.

– Não estou entendendo nada – falou Oli. – O que é conservação?
– É uma forma de se proteger bem as coisas ou as pessoas – respondeu Sakura. – Na vida, é necessário que todos os seres se cuidem.

 –No estoy entendiendo nada –dijo Oli.– ¿Qué es la conservación?
–Es una forma de protegerte bien las cosas o las personas –respondió Sakura. –En la vida es necesario que todos los seres se cuiden.

 "I don't understand anything," said Oli. "What is conservation?"
"It's a way to protect things or people," Sakura replied. "In life, it is necessary that all beings take care of themselves."

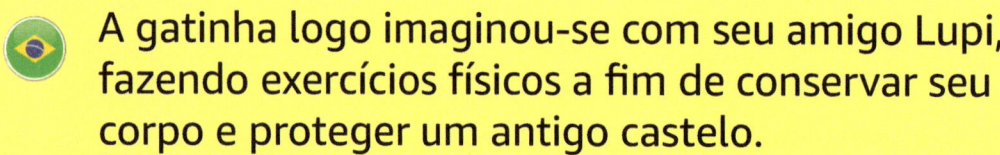 A gatinha logo imaginou-se com seu amigo Lupi, fazendo exercícios físicos a fim de conservar seu corpo e proteger um antigo castelo.

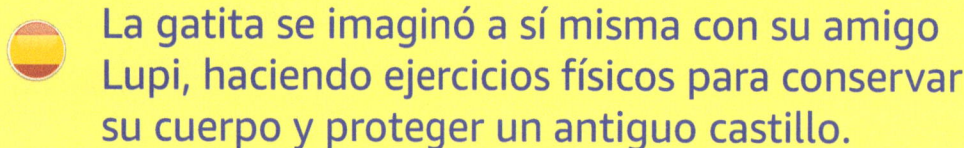 La gatita se imaginó a sí misma con su amigo Lupi, haciendo ejercicios físicos para conservar su cuerpo y proteger un antiguo castillo.

 The kitten soon imagined herself with her friend Lupi, doing physical exercises in order to preserve her body and protect an old castle.

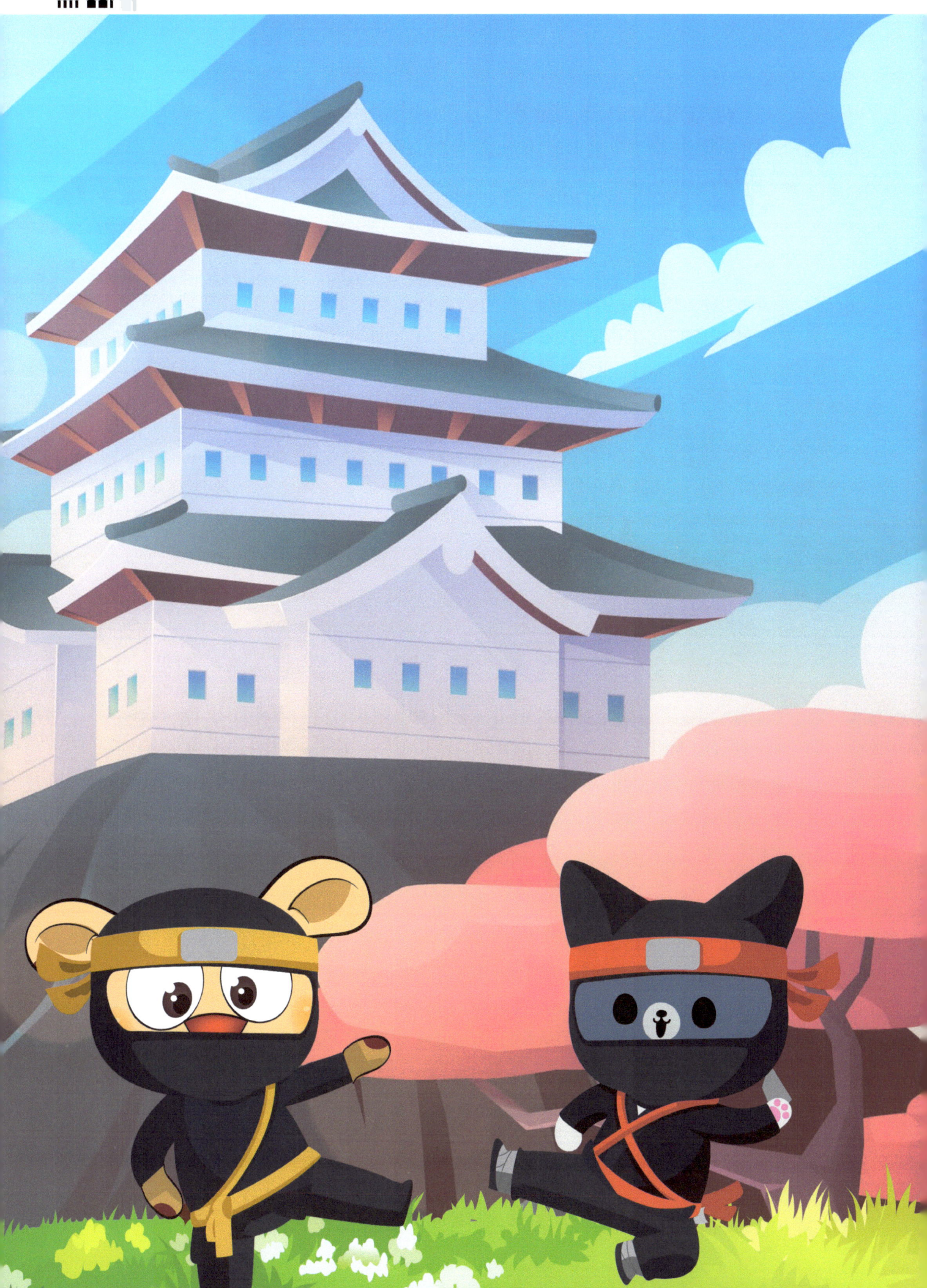

🇧🇷 A ave contou que Deus deu a todos os seres a vontade de viver bem, e também os meios para consegui-los.
— Pode explicar melhor? — pediu Oli.

🇪🇸 El ave contó que Dios le ha dado a todos los seres la voluntad de vivir bien y los medios para ello.
–¿Puedes explicarme mejor? –preguntó Oli.

🇺🇸 The bird told them that God gave all beings the will to live well and the means to achieve them.
"Can you explain it better?" asked Oli.

🇧🇷 — Por exemplo, a terra produz alimentos para que vivamos — falou Sakura. — Se utilizarmos bem nossa inteligência, podemos criar ferramentas para produzir melhor.
A gatinha imaginou-se como Astro Oli, cuidando de bonsais.

🇪🇸 –Por ejemplo, la tierra produce alimentos para que vivamos –dijo Sakura.– Si usamos bien nuestra inteligencia, podemos crear herramientas para producir mejor.
La gatita se imaginó a sí misma como Astro Oli, cuidando los bonsáis.

🇺🇸 "For example, the land produces food for us to live off," Sakura said. "If we use our intelligence well, we can create tools to produce better."
The kitten imagined herself as Astro Oli, taking care of bonsai trees.

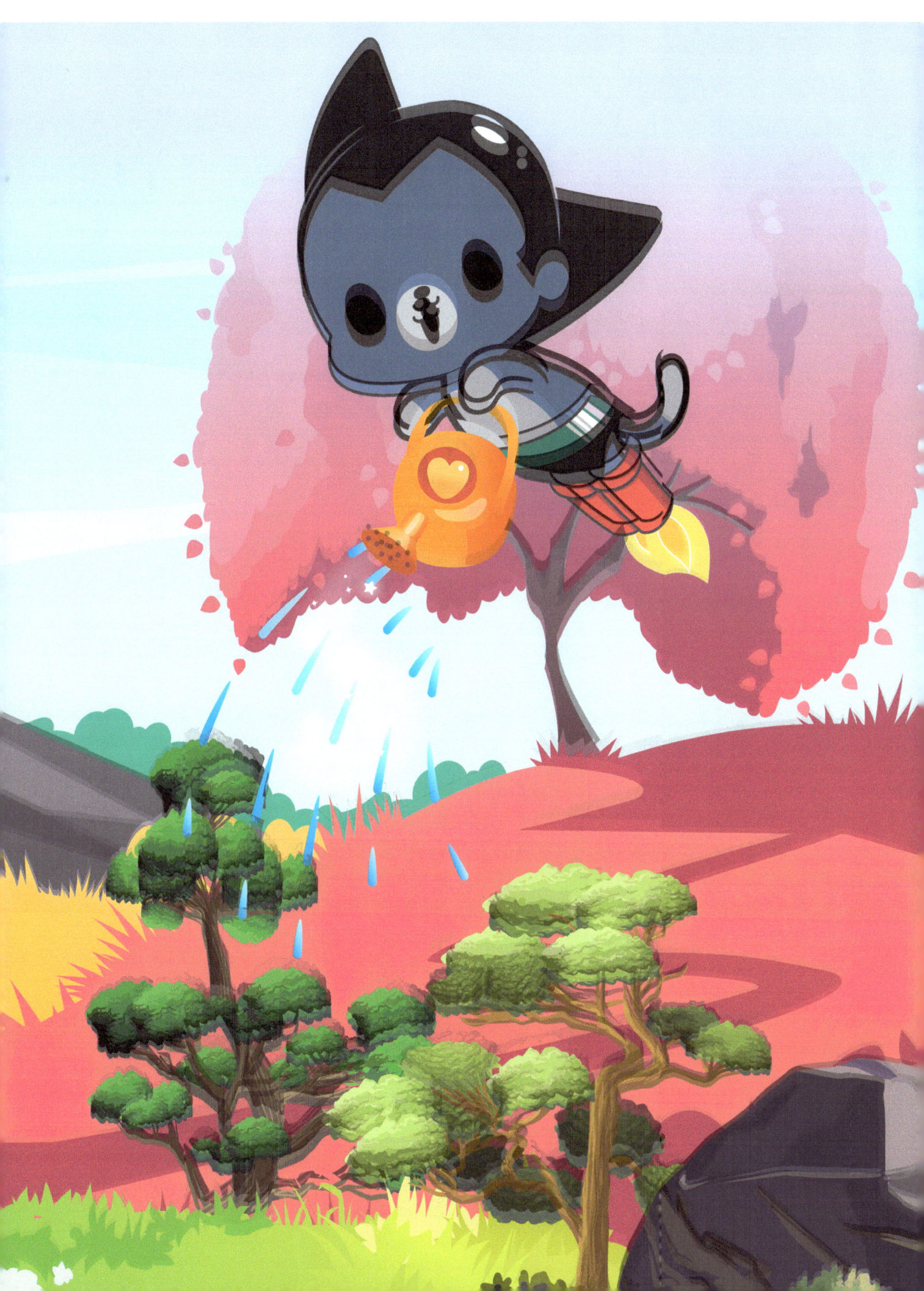

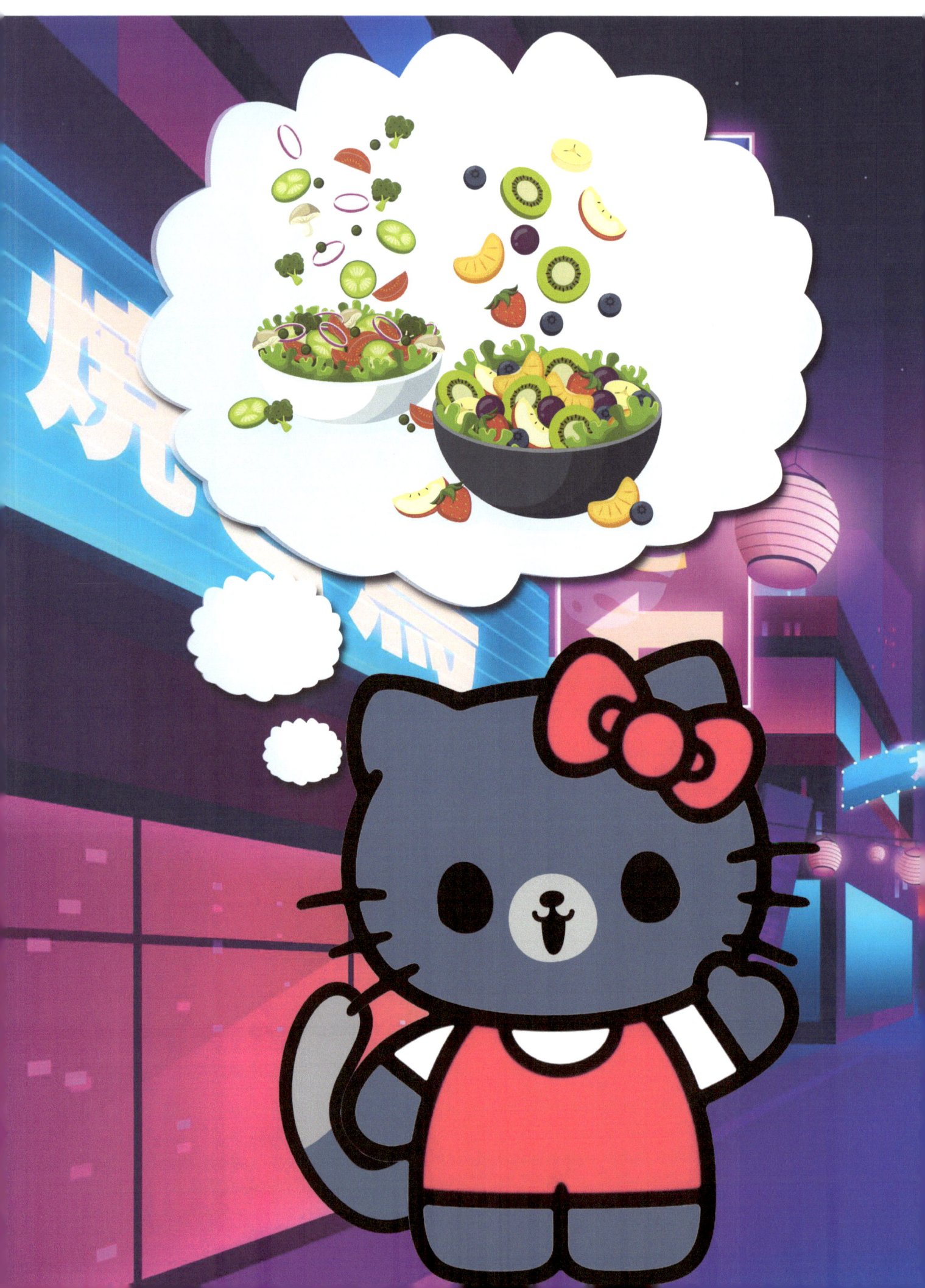

🇧🇷 Sakura se lembrou que uma outra forma para manter bem a nossa saúde é ter uma boa alimentação, e disse:
– Frutas e legumes são muito saudáveis para as crianças.

🇪🇸 Sakura recordó que otra forma para mantener bien nuestra salud es llevar una buena alimentación y dijo:
–Frutas y verduras para los niños son muy saludables.

🇺🇸 Sakura remembered that another way to maintain good health is to have a good diet, and said: "Fruits and vegetables are very healthy for children."

🇧🇷 A gatinha imaginou-se como a famosa Oli Kitty, comendo verduras e frutas deliciosas.

🇪🇸 La gatita se imaginó a sí misma como la famosa Oli Kitty, comiendo deliciosas verduras y frutas.

🇺🇸 The kitten imagined herself as the famous Oli Kitty, eating delicious vegetables and fruits.

🇧🇷 Lupi então perguntou:
— Devemos sempre nos cuidar para estar bem?
— Sim! É muito bom cuidar do corpo físico e também da nossa mente — respondeu Sakura: — Com boa leitura, estudos e até com jogos que melhorem nossas habilidades, mas sem abusar!
A gatinha imaginou seu amigo jogando Super Lupi Bros, fazendo exercícios, pulando e utilizando suas habilidades.
— Miau! — disse Oli: — Brincar é divertido!
— Sim, mas, é claro, utilizando bem seu tempo — lembrou Sakura.

Lupi luego preguntó:
–¿Debemos cuidarnos siempre de estar bien?
–¡Sí! Es muy bueno cuidar el cuerpo físico y también nuestra mente –respondió Sakura– Con buena lectura, estudios e incluso juegos que mejoran nuestras habilidades, ¡pero sin exagerar!
La gatita imaginó a su amigo jugando a Super Lupi Bros, haciendo ejercicios, saltando y usando sus habilidades.
–¡Miau! –dijo Oli.– ¡Jugar es divertido!
–Pero por supuesto, usando bien tu tiempo –recordó Sakura.

Lupi then asked:
"Should we always take care of ourselves to be well?"
"Yea! It's very good to take care of the physical body and of our mind," answered Sakura. "With good reading, studies, and even games that improve our skills, but without excess!"
The kitten imagined her friend playing Super Lupi Bros, exercising, jumping, and utilizing his skills.
"Meow!" said Oli. "Playing is fun!"
"Yes, but, of course, making good use of your time," Sakura recalled.

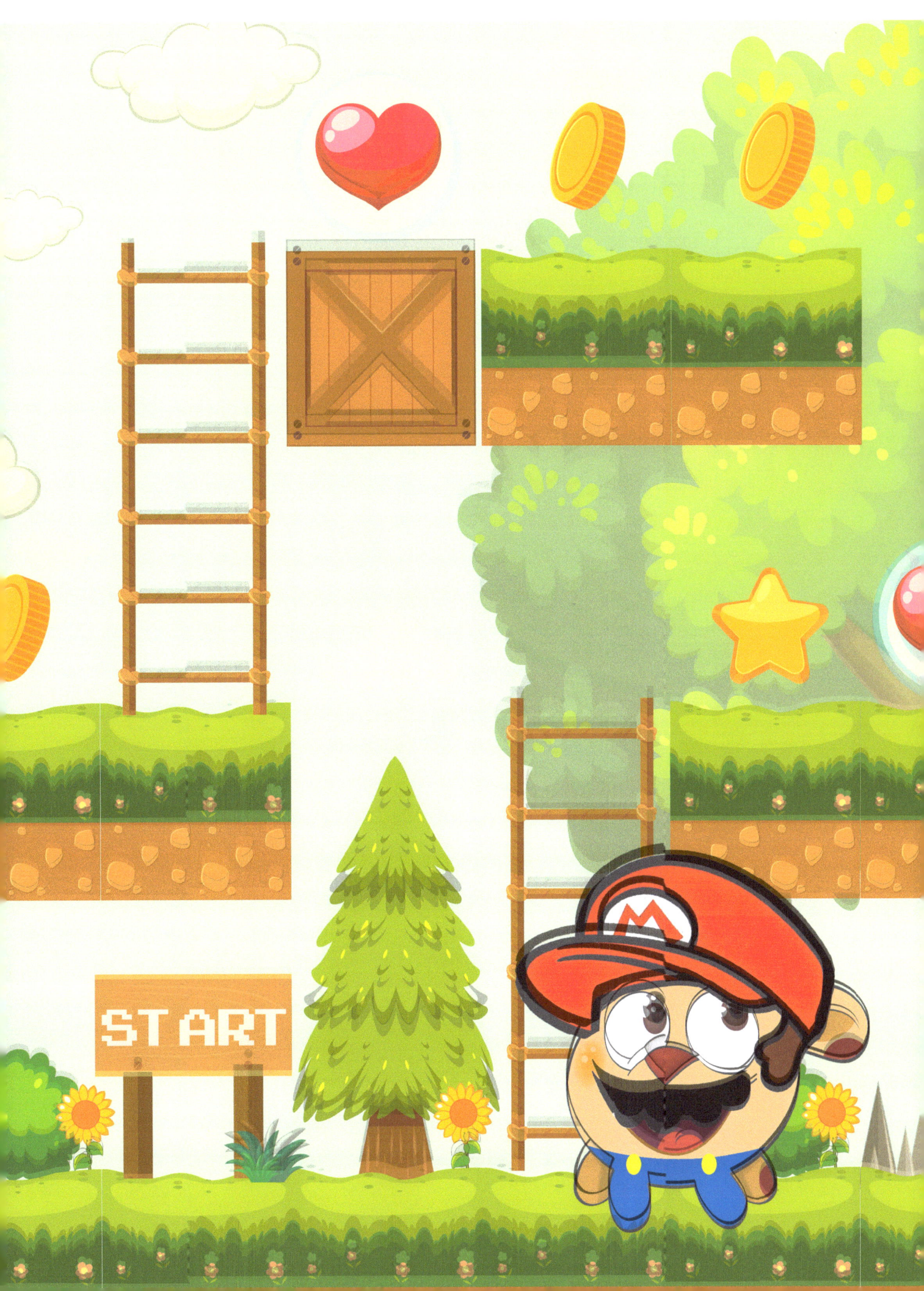

🇧🇷 Lupi e Oli se despediram, felizes, da amiga tsuru, agradecendo por tudo o que tinham aprendido sobre a Lei de Conservação.

🇪🇸 Lupi y Oli se despidieron con alegría de su amiga, el ave tsuru, agradeciéndole todo lo que habían aprendido sombre la Ley de Conservación.

🇺🇸 Lupi and Oli happily said goodbye to their tsuru friend, thanking her for everything they had learned about the Law of Conservation.

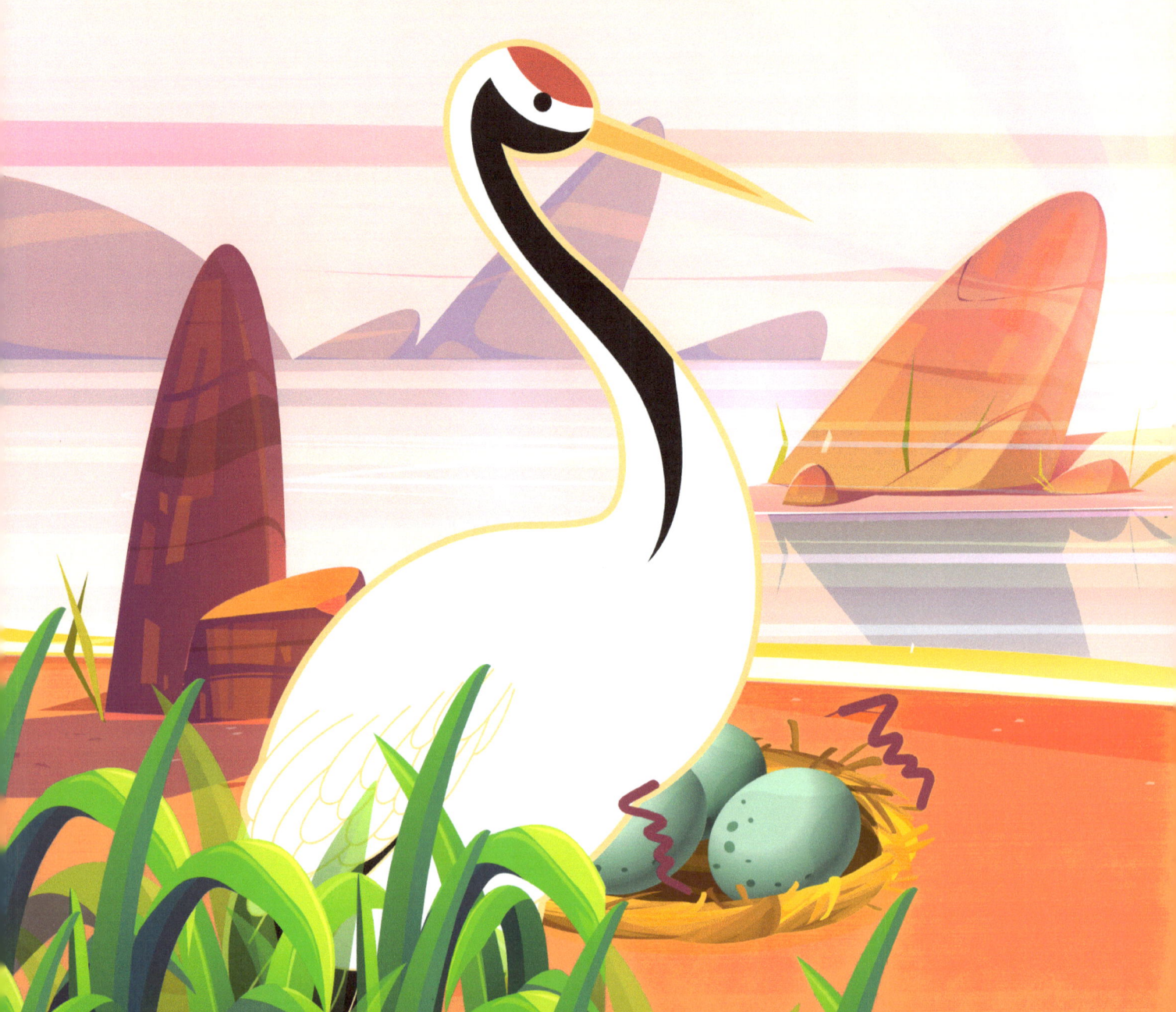

🇧🇷 Na hora em que saíam, um dos filhotinhos começou a se mexer, pronto para nascer. Tudo isso graças à conservação e proteção de sua mamãe.

🇪🇸 En la hora que salían, uno de los polluelos se comenzó a moverse, listo para nacer. Todo esto gracias a la conservación y protección de su madre.

🇺🇸 As they were leaving, one of the hatchlings began to move, ready to be born. All of this is thanks to the conservation and protection of its mother.

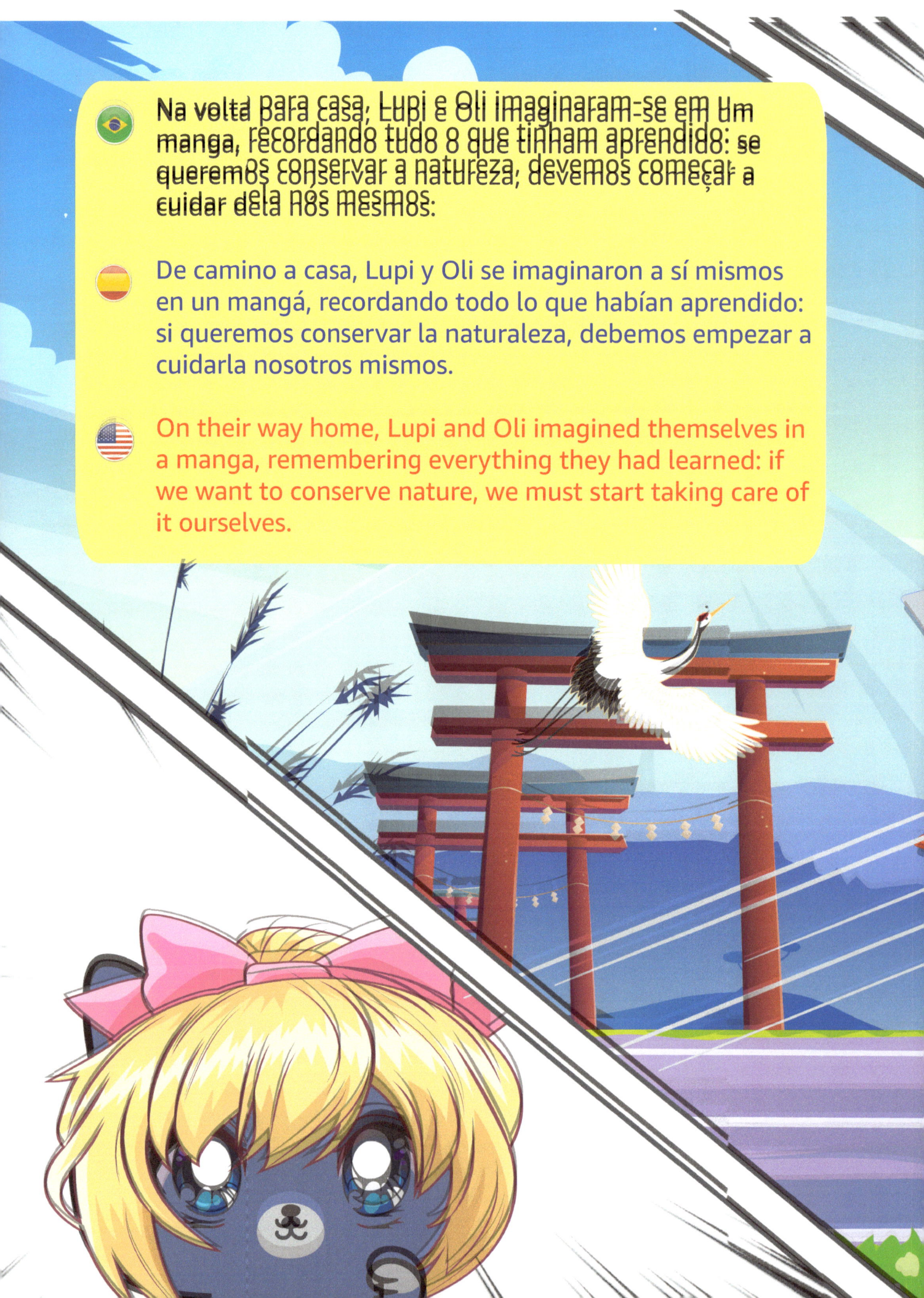

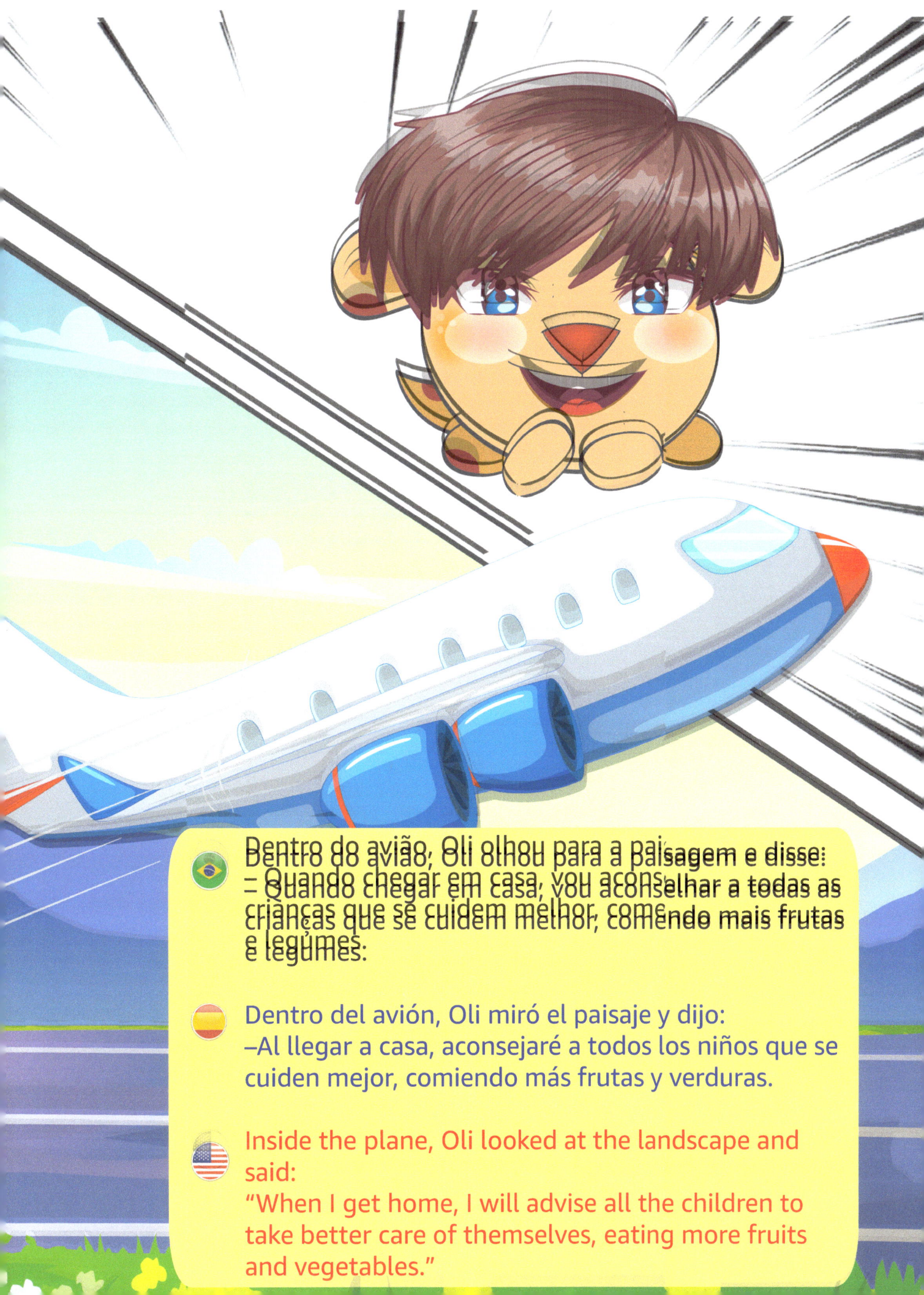

🇧🇷 Dentro do avião, Oli olhou para a paisagem e disse:
— Quando chegar em casa, vou aconselhar a todas as crianças que se cuidem melhor, comendo mais frutas e legumes.

🇪🇸 Dentro del avión, Oli miró el paisaje y dijo:
—Al llegar a casa, aconsejaré a todos los niños que se cuiden mejor, comiendo más frutas y verduras.

🇺🇸 Inside the plane, Oli looked at the landscape and said:
"When I get home, I will advise all the children to take better care of themselves, eating more fruits and vegetables."

Glossário

Conservação: Lei da Natureza ou Lei de Deus, que está em todos os seres da natureza. Ela permite proteger e cuidar de nós mesmos e dos outros.
Mangá: história em quadrinhos japonesas.
Tsuru: ave sagrada no Japão.

 # Glosario

Conservación: Ley de la Naturaleza o Ley de Dios, que está en todos los seres de la naturaleza. Ella permite proteger y cuidar de nosotros mismos y de los demás.
Manga: historieta japonesa.
Tsuru: ave sagrada en Japón.

 # Glossary

Conservation: Law of Nature or Law of God, which is in all beings of nature. It allows us to protect and care for ourselves and others.
Manga: Japanese comics.
Tsuru: a sacred bird in Japan.

 Mais informações sobre a Lei de Adoração em:
KARDEC, Allan. *O Livro dos Espíritos*. Questões 702-727.

 Más información sobre la Ley de Adoración en:
KARDEC, Allan. *El Libro de los Espíritus*. Preguntas 702-727.

 More information about the Law of Worship at:
1. KARDEC, Allan. *The Spirits' Book*. Questions 702-727.

Mais informações sobre o autor:
Más informaciones sobre el autor:
More information about the author:

www.luishu.com

Dados Internacionais de Catalogação na Publicação (CIP)
(Câmara Brasileira do Livro, SP, Brasil)

Hu Rivas, Luis
    Kit Evangelho / Luis Hu Rivas. -- Brasília, DF : Hu Producoes, 2022.

    ISBN: 978-65-990675-0-1

    1. Evangelho - Literatura infantojuvenil 2. Literatura infantojuvenil I. Rivas, Luis Hu. II. Título.

CDD-028.5

Índices para catálogo sistemático:

1. Evangelho : Literatura infantil   028.5
2. Evangelho : Literatura infantojuvenil   028.5

Revisão ao espanhol: Sonia Rivas
Tradução ao inglês: Camila Tufts
Revisão ao inglês: Vanessa Anseloni

HU PRODUCOES
TODOS OS DIREITOS RESERVADOS.

IMPRESSO NO BRASIL

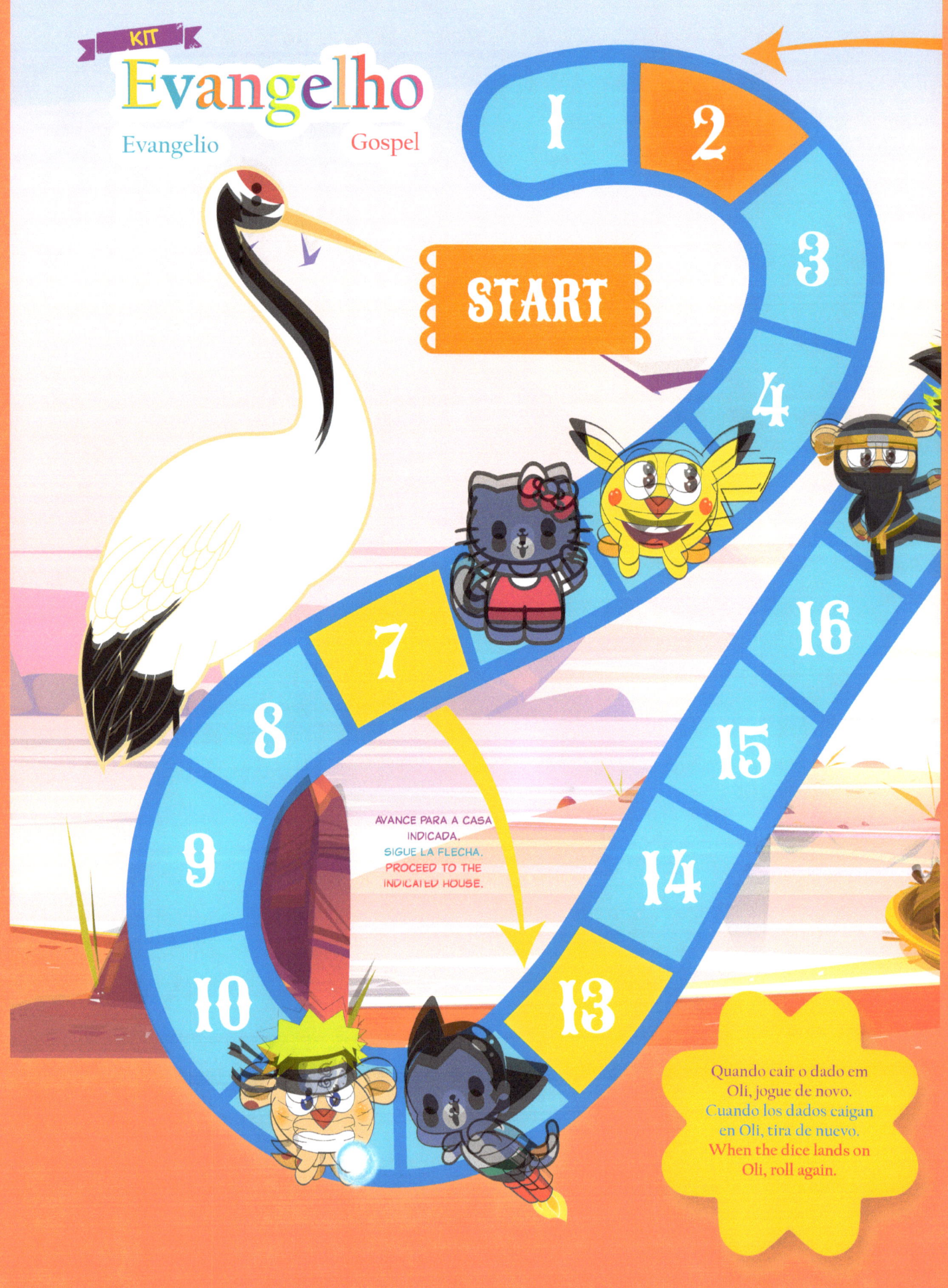

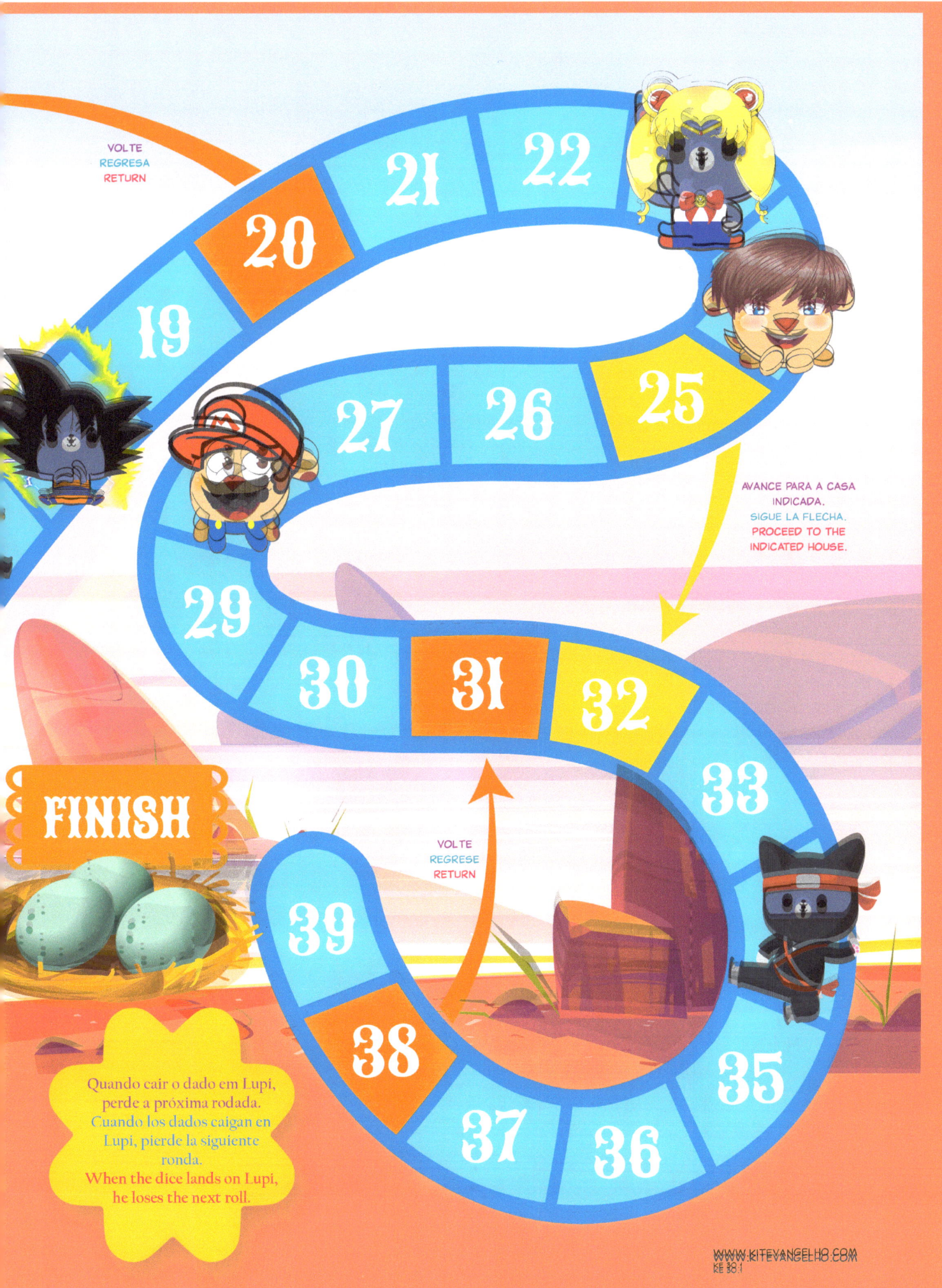

KIT Evangelho
Evangelio · Gospel

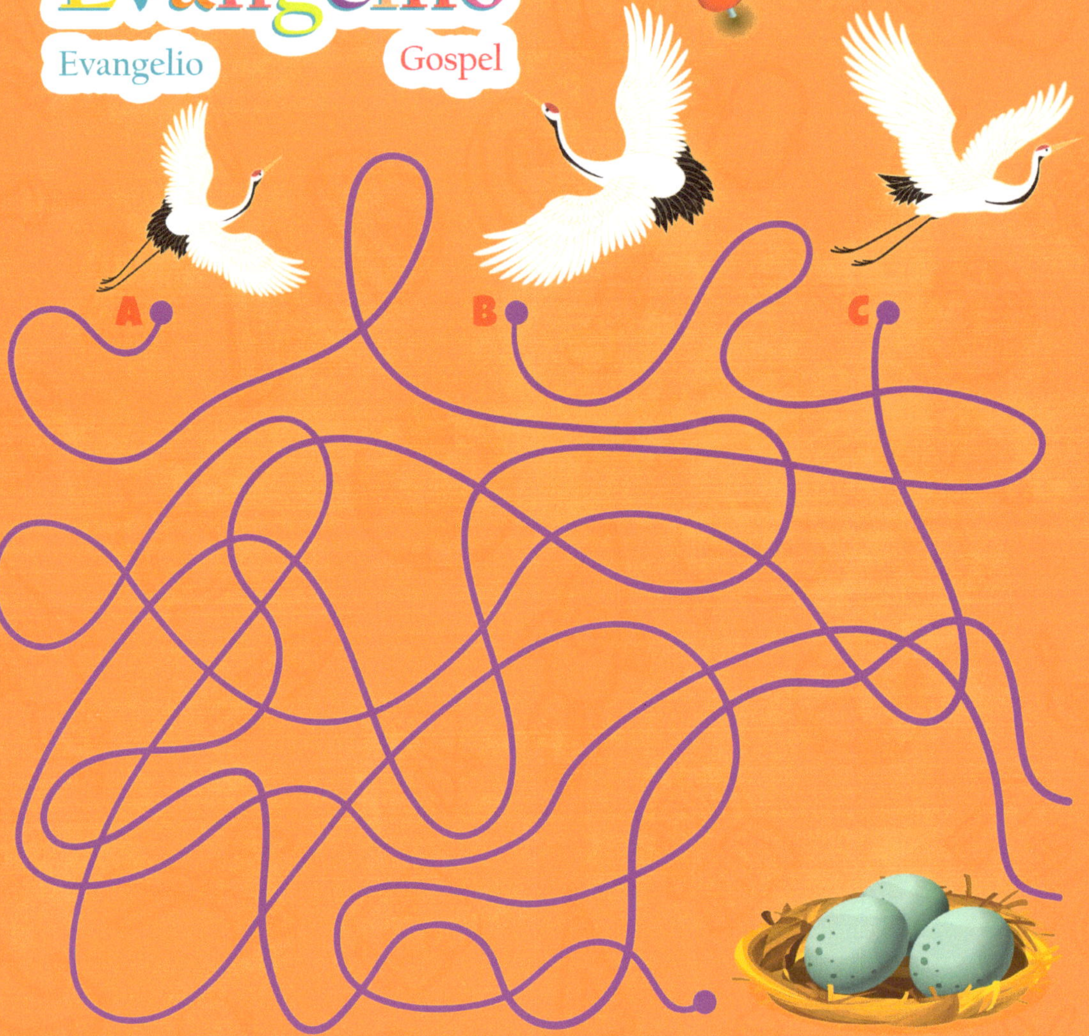

Encontre a sombra certa - Juego de las sombras - Shadow Matching Game

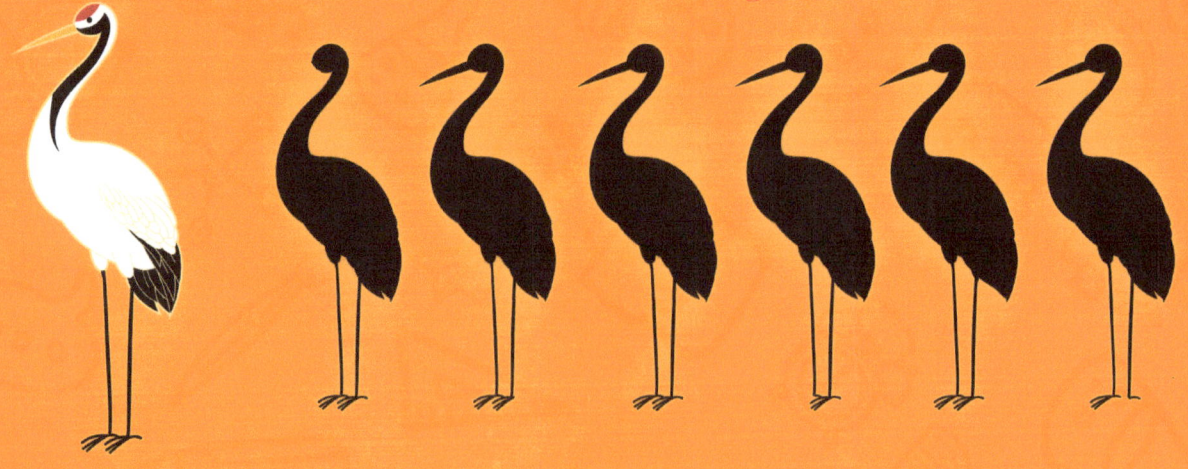

WWW.KITEVANGELHO.COM
KE 30.3

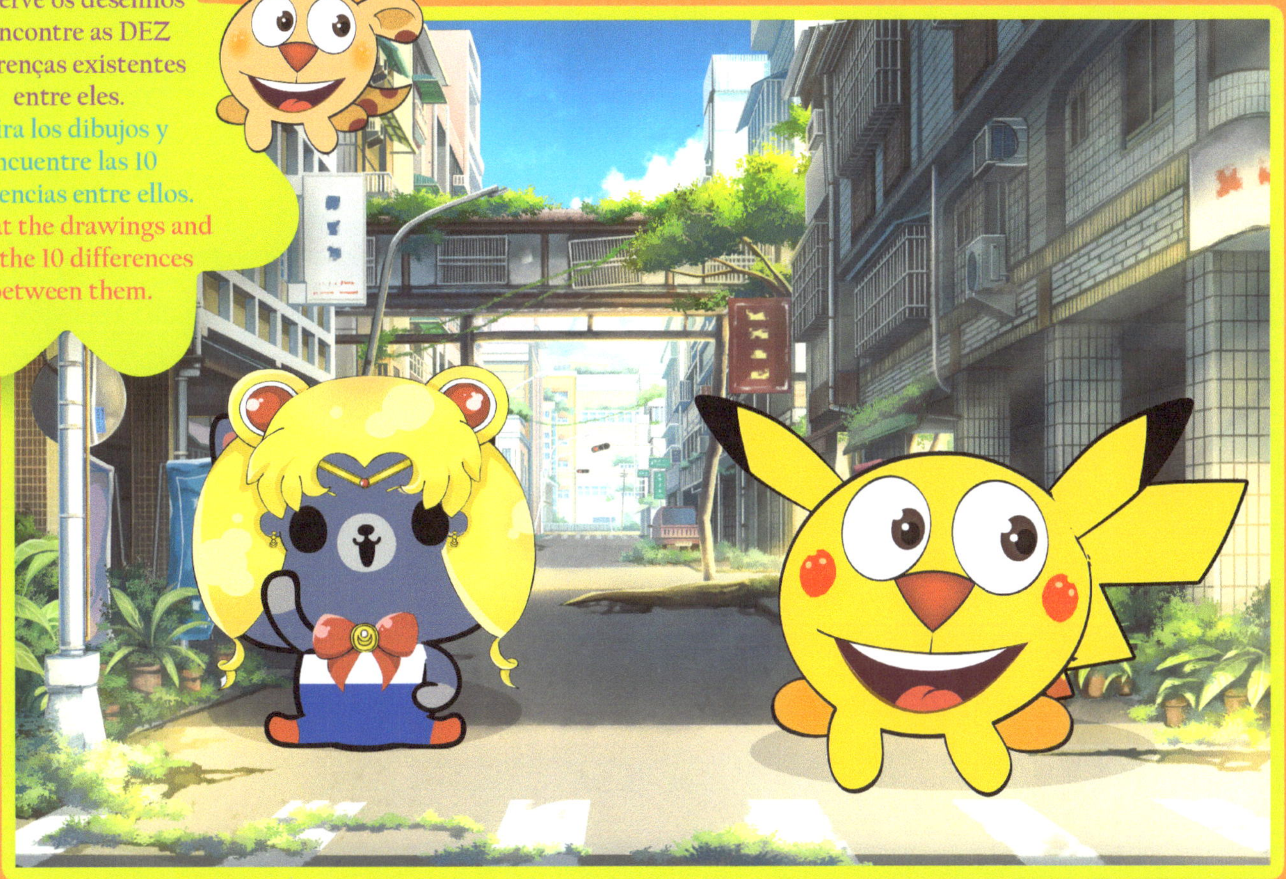

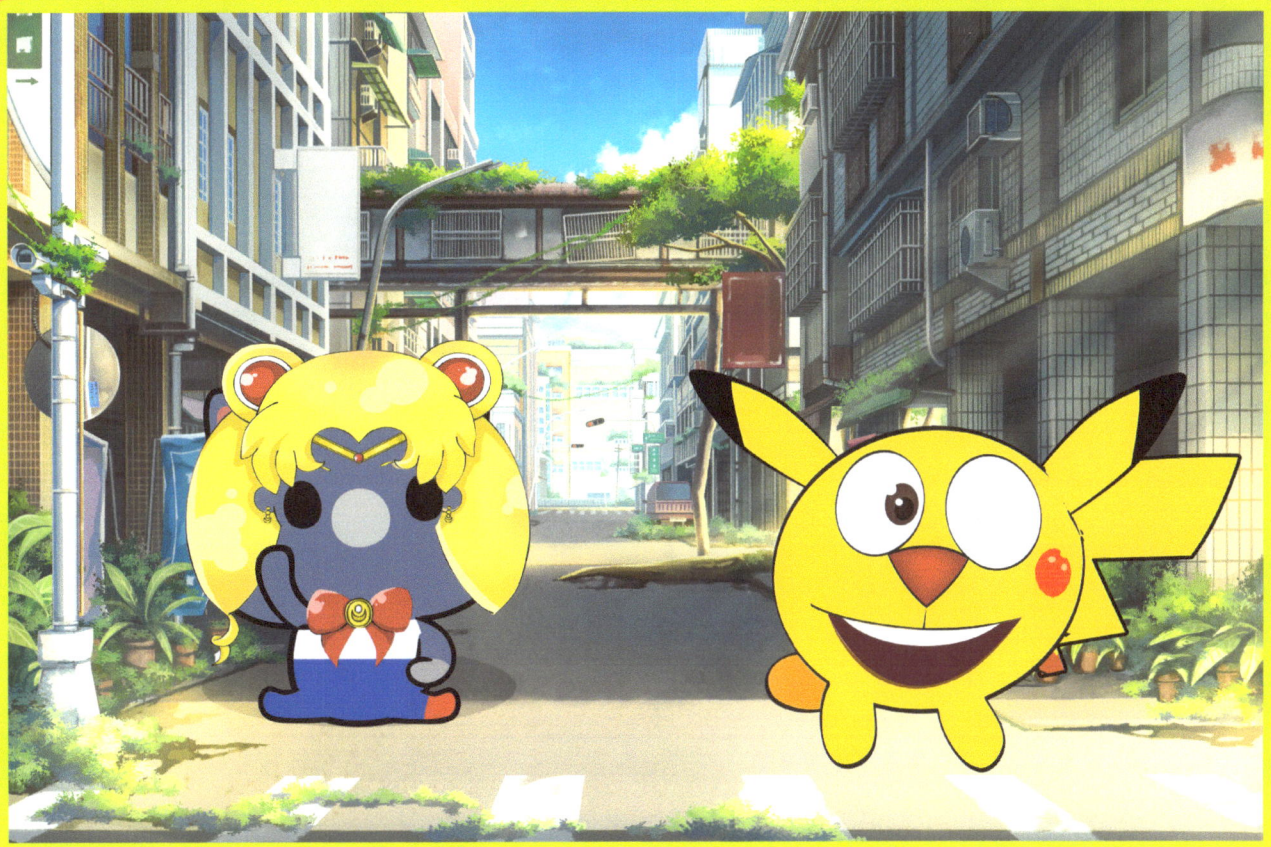

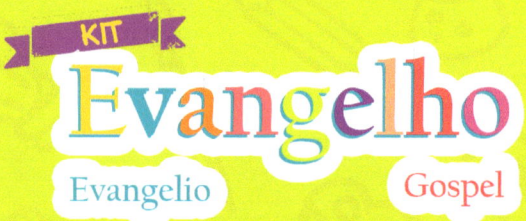

> Vou aconselhar a todas as crianças que se cuidem melhor.
> Aconsejaré a todos los niños que se cuiden mejor.
> I will advise all the children to take better care of themselves.

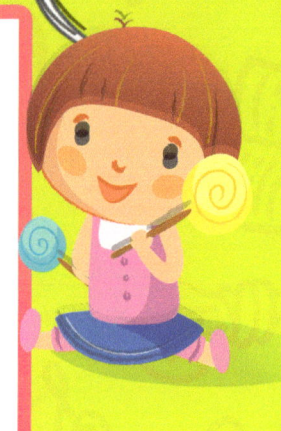

Copie o desenho - Copia el dibujo - Copy the picture.

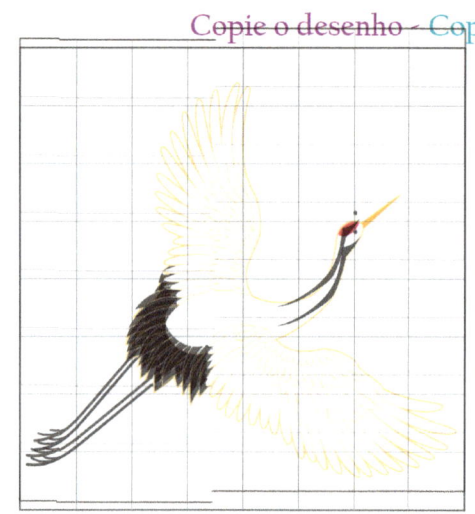
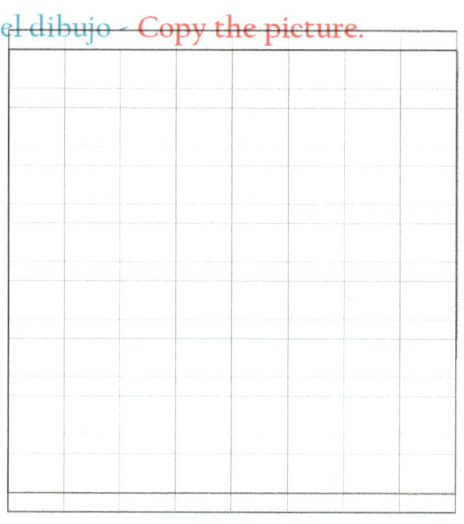

Colorir - Colorear - Color

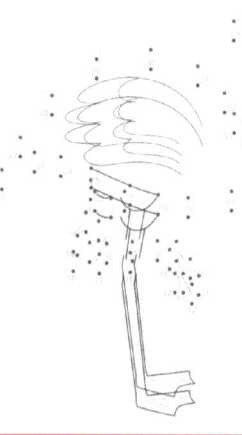

Qual será o nome da amiga de Lupi?
¿Cómo se llama la amiga de Lupi?
What's the name of Lupi's friend?

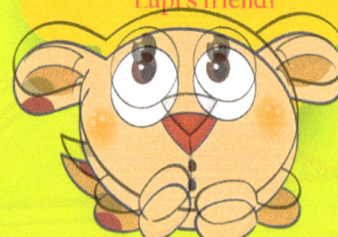

Nome:
Nombre:
Name:

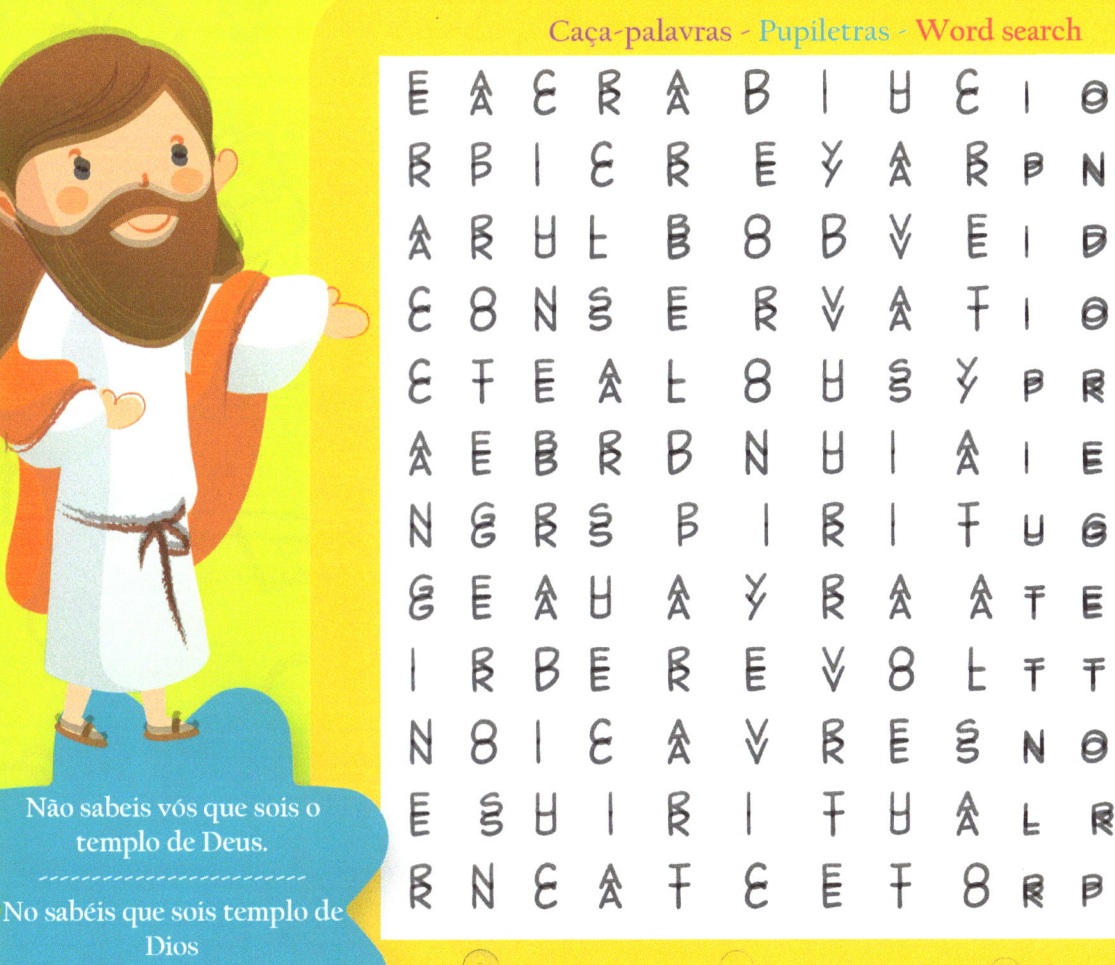

Caça-palavras - Pupiletras - Word search

Não sabeis vós que sois o templo de Deus.

No sabéis que sois templo de Dios

Do you not know that you are God's temple.

🇧🇷 CONSERVAÇÃO
PROTEGER
CUIDAR

🇪🇸 CONSERVACIÓN
PROTEGER
CUIDAR

🇺🇸 CONSERVATION
PROTECT
CARE

Devemos amar e cuidar de todos os seres.
Debemos amar y cuidar de todos los seres.
We must love and take care of all beings.

1.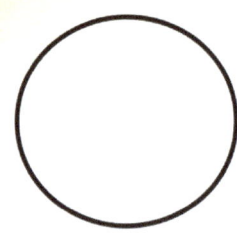
2.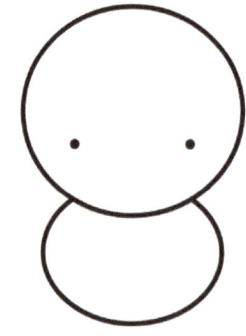
3.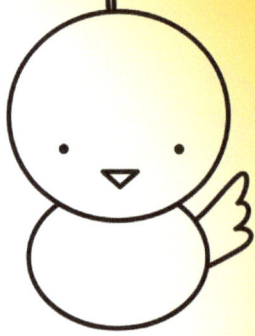
4.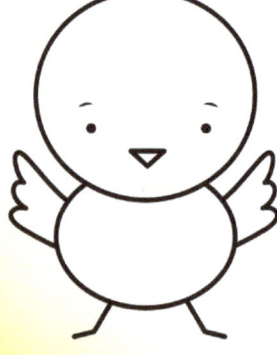
5.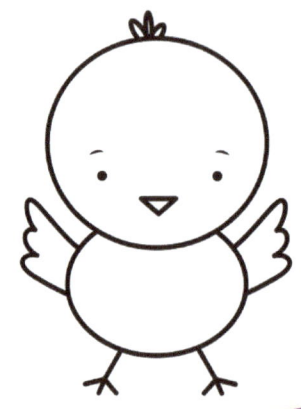
6.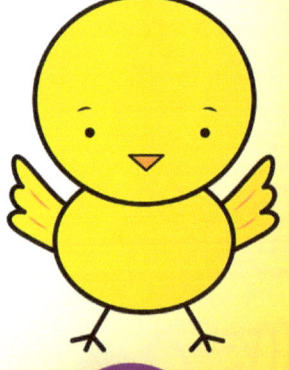

 ## VAMOS DESENHAR AVES

Venha aprender a fazer bichinhos passo a passo .

Dica: Estimule o gosto pela arte em seus filhos.

Consejo: Fomente el gusto por el arte en sus hijos.

Tip: Encourage a taste for art in your children.

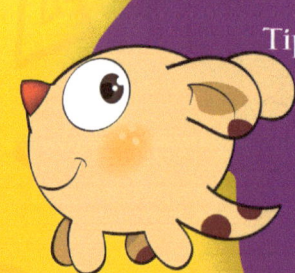

VAMOS DIBUJAR AVES

Ven a aprender cómo dibujar animalitos paso a paso.

LET'S DRAW BIRDS

Come learn to draw animals step by step.

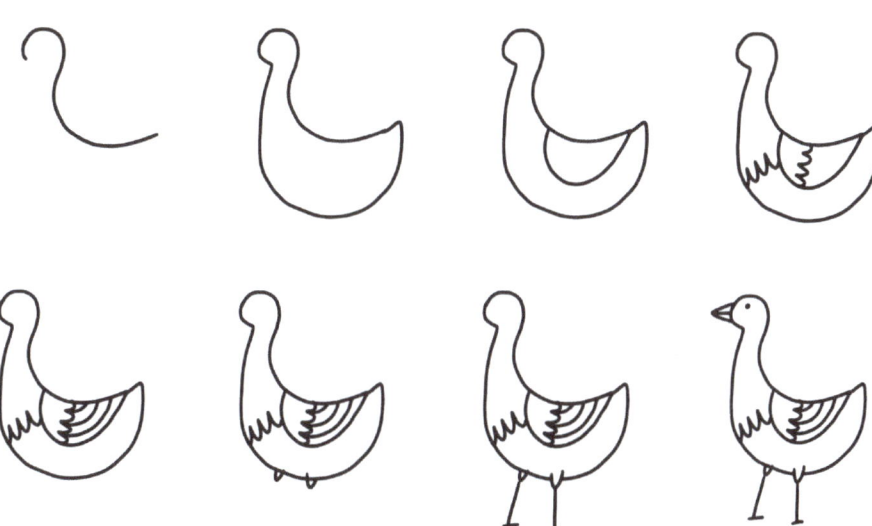
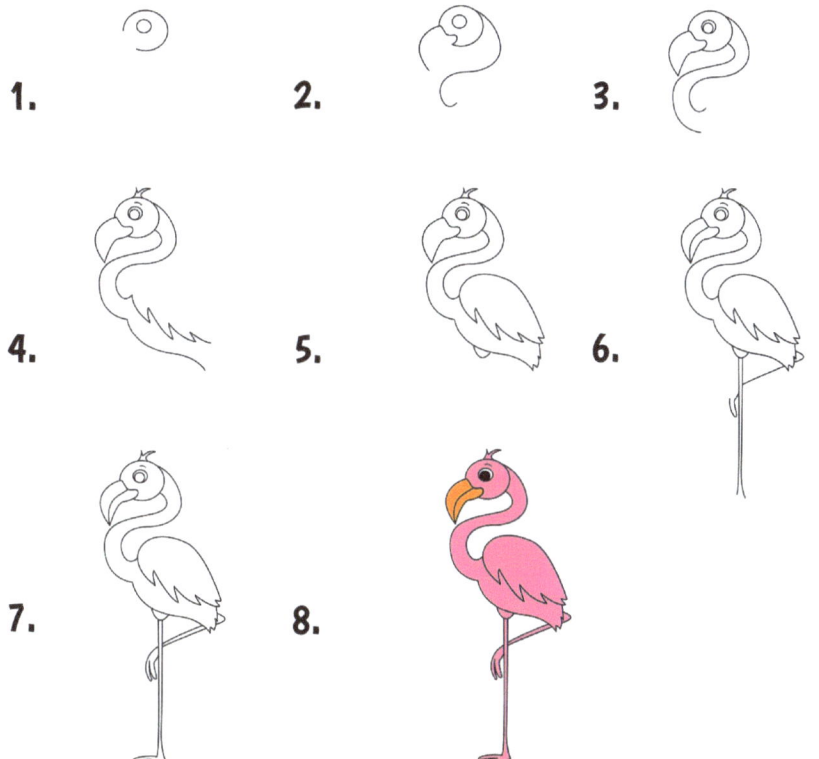

1.
2.
3.
4.
5.
6.
7.
8.

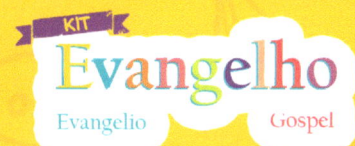
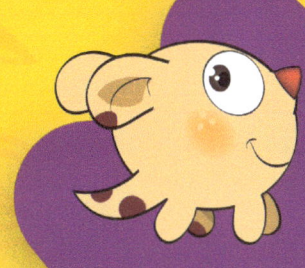

WWW.KITEVANGELHO.COM
KE 30.6

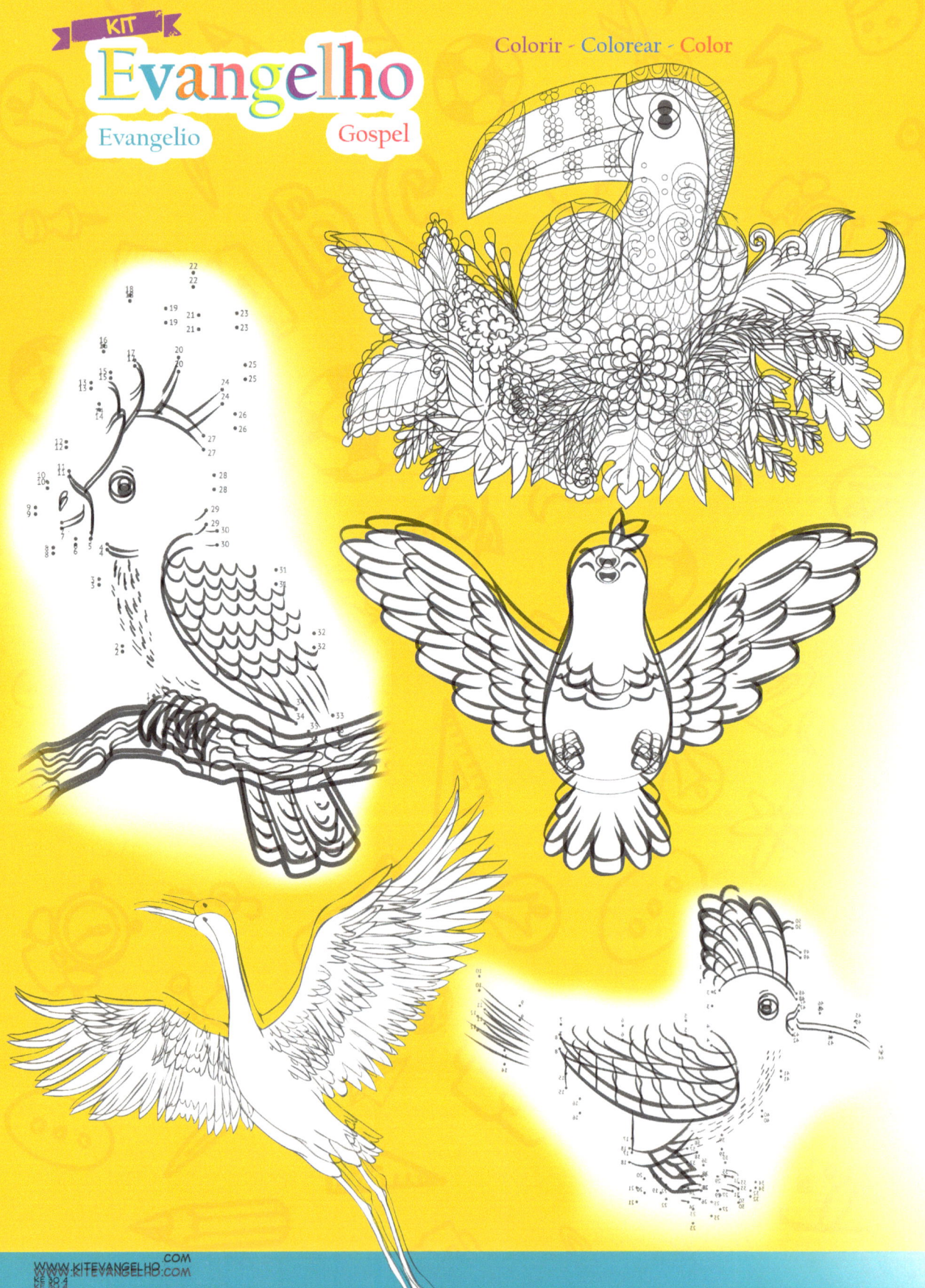

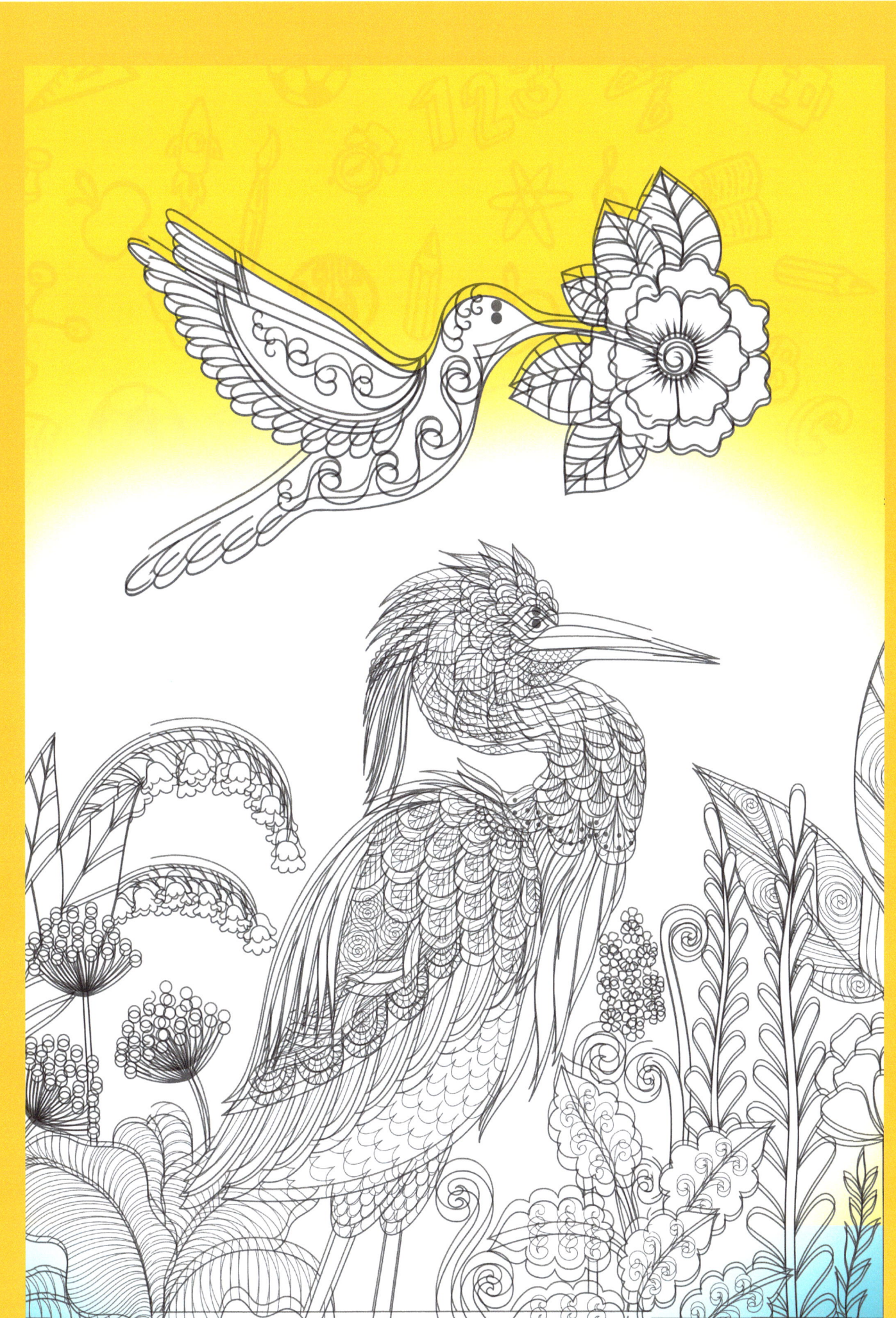

- Use sua imaginação e preencha os espaços.
- Usa tu imaginación y completa los espacios.
- Use your imagination and fill in the blanks.

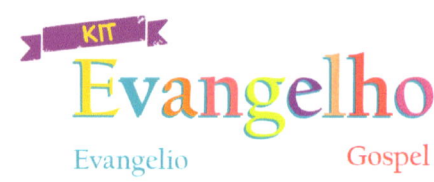
Evangelio   Gospel

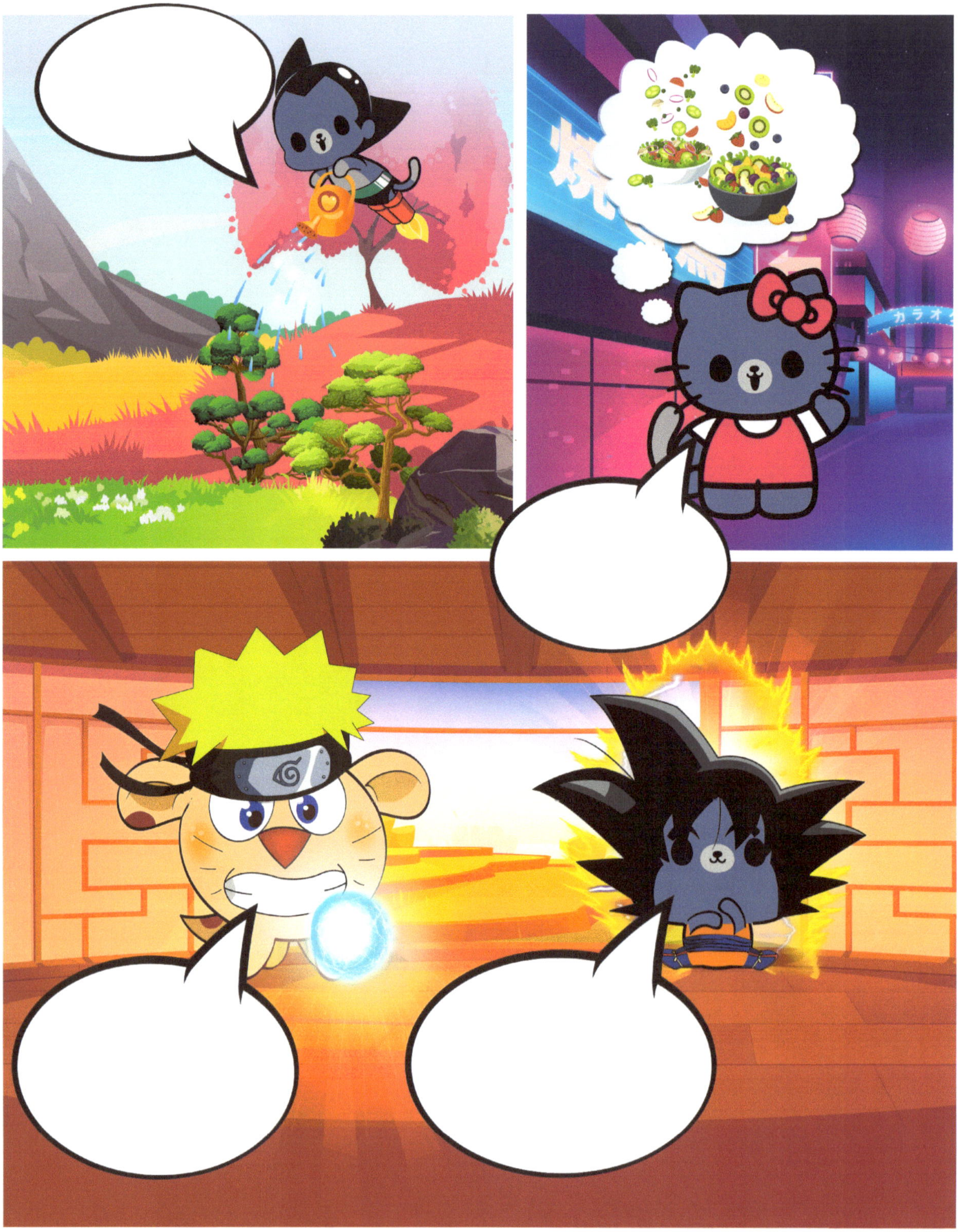

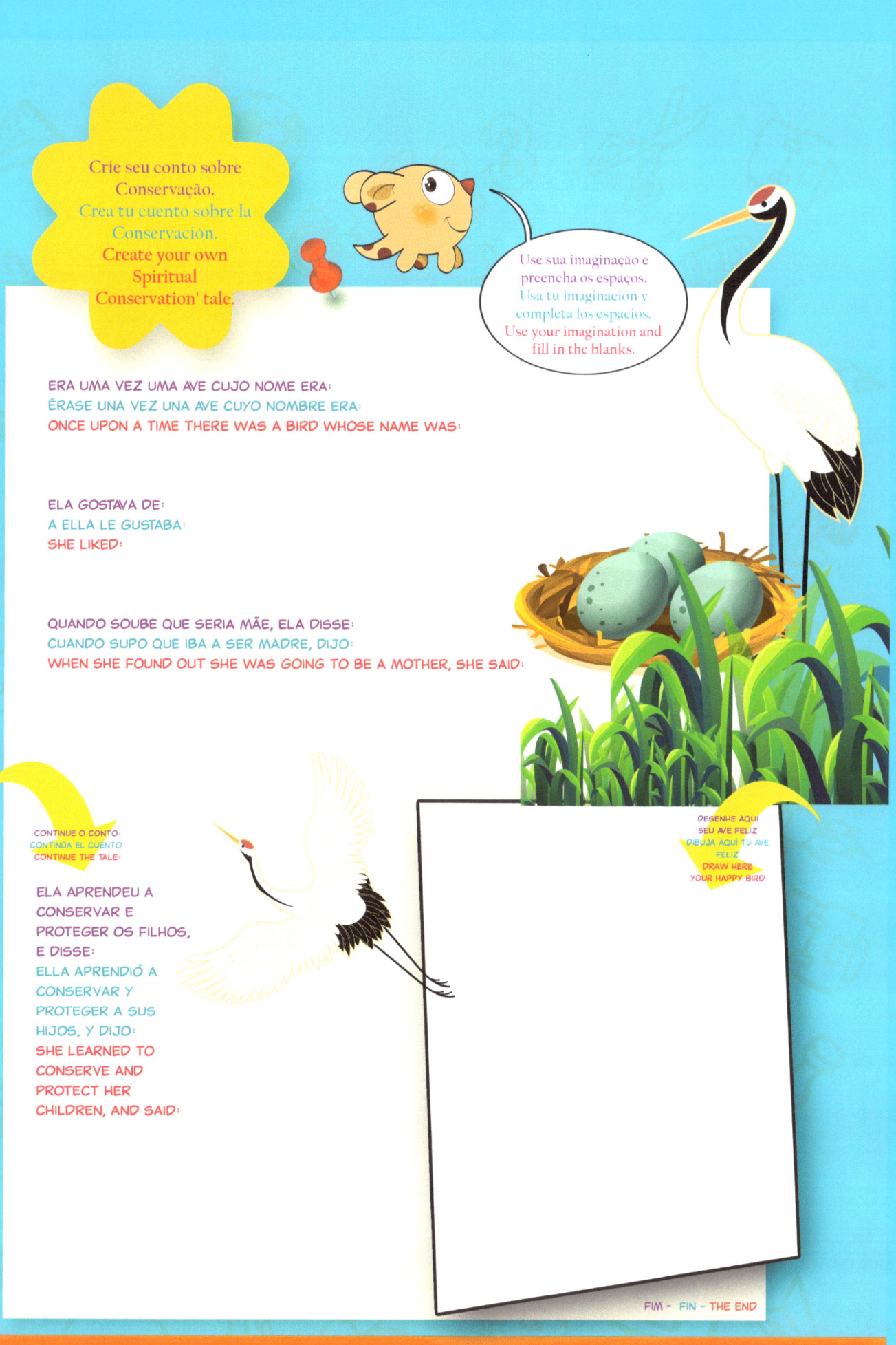

Complete sua coleção | Completa tu colección | Co...

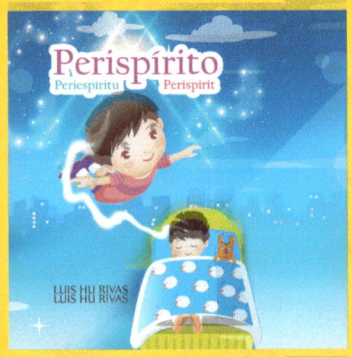 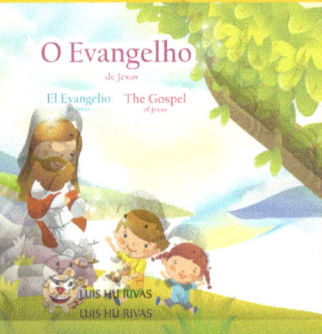 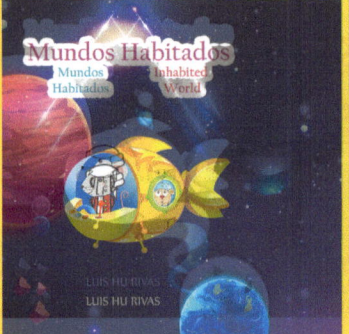 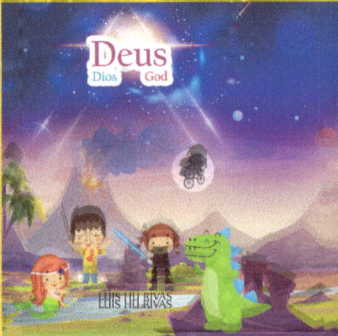

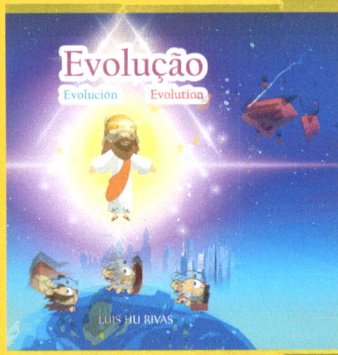 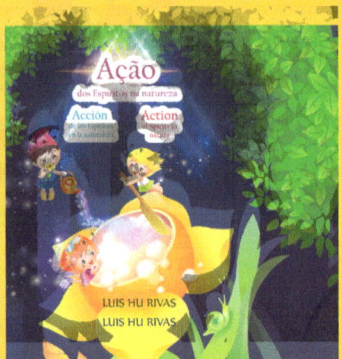 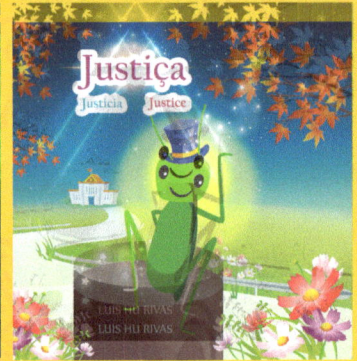 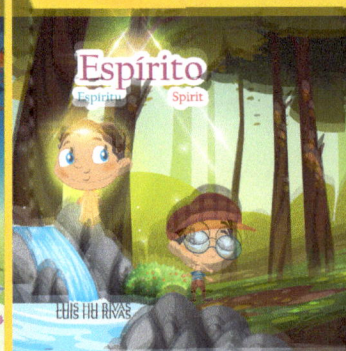

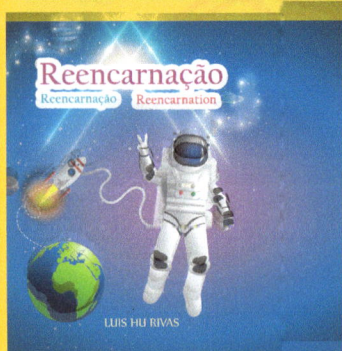 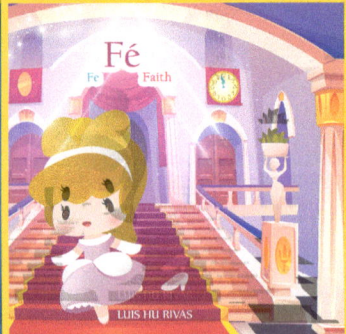 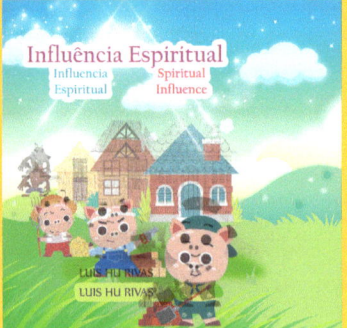 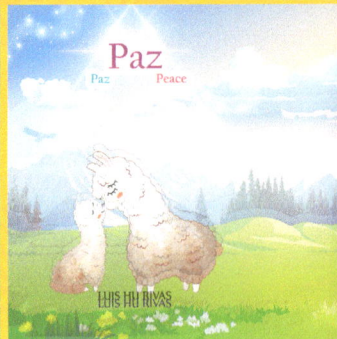

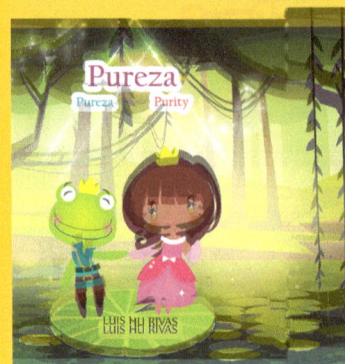 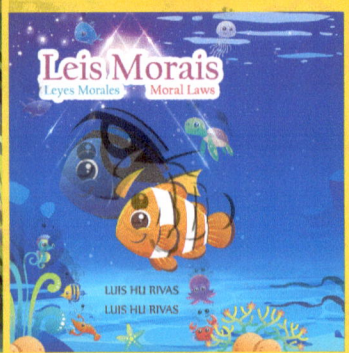 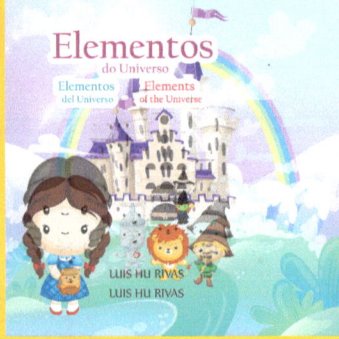 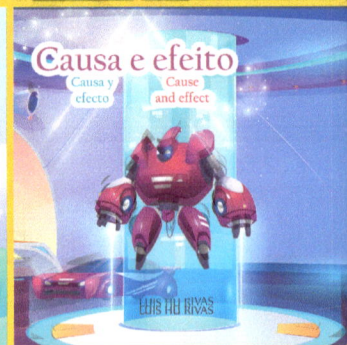

Complete your collection

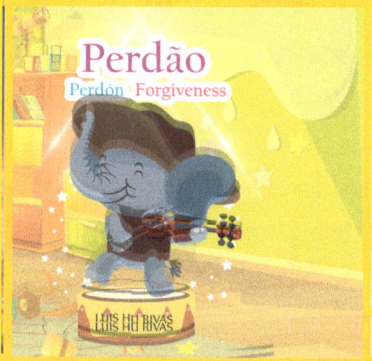
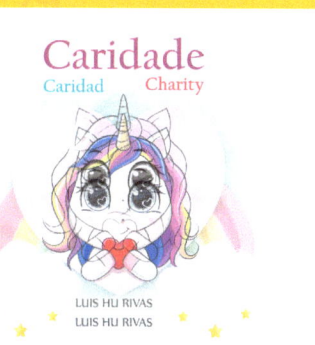
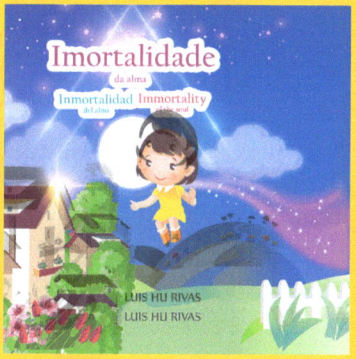
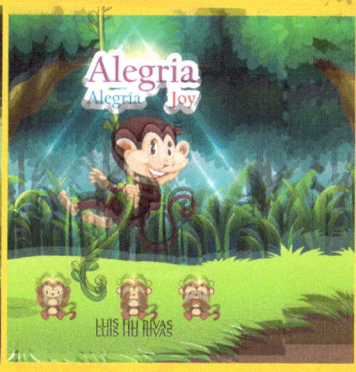
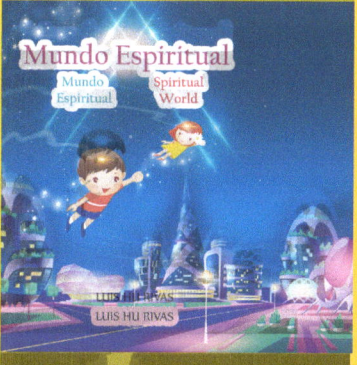
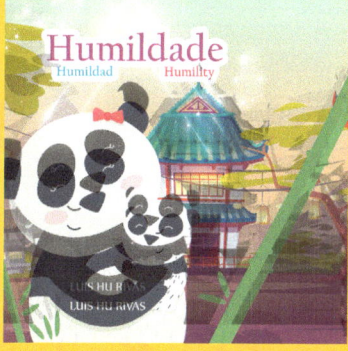
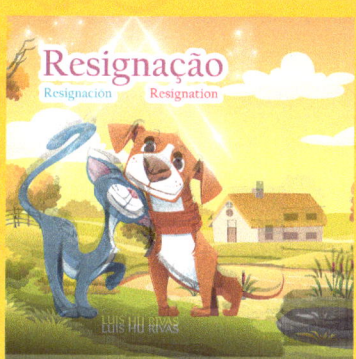
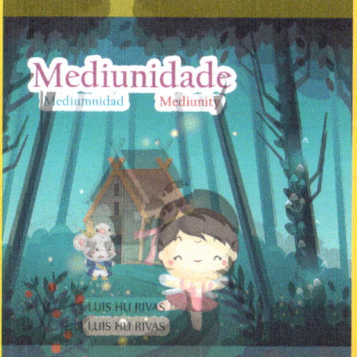
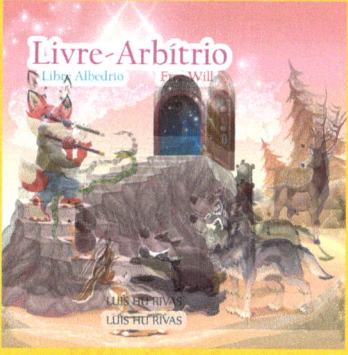
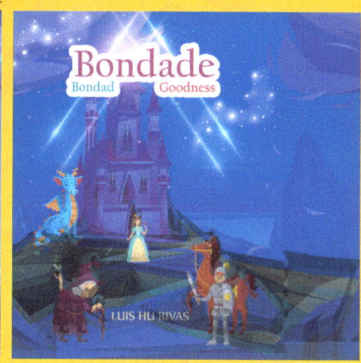

Vamos conhecer ensinamentos de luz que trazem paz e felicidade aos nossos corações.

Vamos a conocer enseñanzas de luz que traen paz y felicidad a nuestros corazones.

Let's get to know enlightening teachings that bring peace and happiness to our hearts.

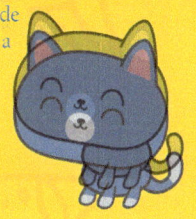

Ao lado de uma simpática ave, você vai se divertir para valer!
Embarque em uma emocionante história ilustrada, com muitos ensinamentos luminosos.
Usando sua imaginação, você vai descobrir respostas a perguntas como:
Por que devemos proteger a Natureza?
Como os animais cuidam de seus filhotes?
Qual é a importância de amar os animais?
O que é conservação?

¡Junto con una amistosa ave te divertirás mucho!
Embárcate en una emocionante historia ilustrada, con muchas enseñanzas luminosas.
Usando tu imaginación, descubrirás respuestas a preguntas como:
¿Por qué debemos proteger la Naturaleza?
¿Cómo cuidan los animales a sus crías?
¿Qué tan importante es amar a los animales?
¿Qué es la conservación?

You will have real fun in this adventure with nice bird!
Join us on an exciting illustrated story, with many inspiring teachings.
With this reading you will also find answers to questions such as:
Why should we protect Nature?
How do animals take care of their young?
How important is it to love animals?
What is conservation?

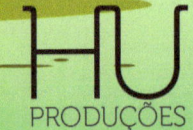

www.ingramcontent.com/pod-product-compliance
Lightning Source LLC
Chambersburg PA
CBHW051929210526
45473CB00006B/2189